# ЙМОВІРНІСНІ СТРУКТУРИ ДАНИХ ТА АЛГОРИТМИ

## У ЗАСТОСУНКАХ BIG DATA

АНДРІЙ ГАХОВ

gaKhov

Ймовірнісні структури даних та алгоритми
у застосунках Big Data

Українське видання, 2024

Переклад з англомовного видання: Probabilistic Data Structures and Algorithms for Big Data application. 1st edition, 2019



The paperback edition is printed and distributed on behalf of the author.

ISBN (paperback): 979-8-324-62041-7

Присвячується
*моїй мамі Валентині Гаховій*

# Зміст

# Предмова

Великі дані (англ. Big Data) характеризуються трьома фундаментальними вимірами: *Обсягом* (англ. Volume), *Швидкістю* (англ. Velocity) і *Розмаїттям* (англ. Variety), разом відомі як **три "V" великих даних**. *Обсяг* відображає кількість, *Швидкість* описує швидкість надходження та обробки даних, а *Розмаїття* визначає множину типів даних.

В даний час все може виступати в якості джерела даних — соціальні мережі, всілякі датчики і сенсори, фінансові операції і багато іншого. Компанія IBM заявила, що людство вже створює **2.5 квінтильйона** байт даних **щодня** і їх обсяг постійно зростає, причому більша його частина не може бути збережена і зазвичай пропадає без будь-якої обробки. Сьогодні на практиці нерідко доводиться обробляти масиви даних розміром у терабайти та петабайти, як і гігабітні потоки даних.

З іншого боку, кожна компанія хоче повністю аналізувати наявні в її розпорядженні дані, щоб знайти в них бізнес-цінність та діяти відповідно до неї. Це призводить до швидкого зростання ринку програмного забезпечення для роботи з Big Data. Однак традиційні технології, що включають структури даних та алгоритми, втрачають свою ефективність при роботі з великими даними. Тому фахівці з програмного забезпечення знову і знову звертаються до математики та комп'ютерних наук у пошуках відповідних рішень, і одним із них є ймовірнісні структури даних та алгоритми.

*Ймовірнісні структури даних* — це загальна назва для структур даних, заснованих в основному на різних техніках хешування та евристичних спостереженнях. На відміну від звичайних (або детермінованих) структур даних, вони надають лише наближені відповіді, але з надійними способами оцінки можливих неточностей. На щастя, потенційні втрати та помилки повністю компенсуються надзвичайно низькими вимогами до пам'яті, обмеженим часом виконання запитів та масштабованістю — факторами, особливо важливими у застосунках Big Data.

# Про книгу

Мета цієї книги — познайомити спеціалістів-практиків у галузі технологій, включаючи архітекторів та розробників програмного забезпечення, а також осіб, які приймають технологічні рішення, з ймовірнісними структурами даних та алгоритмами. Прочитавши цю книгу, ви отримаєте теоретичне та практичне уявлення про ймовірнісні структури даних і дізнаєтеся про їх найбільш поширені застосування.

Звичайно ж, вам не потрібно бути науковим співробітником, але щоб отримати з книги максимальну користь необхідні базові математичні знання та розуміння загальної теорії структур даних та алгоритмів. Якщо у вас немає досвіду в галузі комп'ютерних наук, рекомендуємо вам прочитати книгу "*Алгоритми: Побудова та аналіз*" Томаса Кормена, Чарльза Лейзерсона, Рональда Ривеста і Кліффорда Штайна, що є повним посібником з сучасних комп'ютерних алгоритмів.

Зрозуміло, неможливо охопити всі існуючі дивовижні рішення, проте задача цієї книги — виділити їх спільні ідеї та важливі сфери застосування, такі як запити про належність, підрахунок кількості елементів та їх частоти, аналіз потокових даних та оцінка подібності документів.

# Структура книги

Ця книга складається з шести розділів, кожній з яких передує вступ, а завершує — коротке резюме та бібліографія для подальшого читання, що відноситься до цього розділу. Кожна глава присвячена одній конкретній проблемі в застосунках Big Data і починається з докладного пояснення проблеми, а потім представляє структури даних та алгоритми, які можуть бути використані для її ефективного вирішення.

У першій главі дається короткий огляд популярних хеш-функцій і хеш-таблиць, які широко використовуються в ймовірнісних структурах даних. Глава 2 присвячена приблизним запитам про приналежність, найвідомішому випадку використання таких структур. У главі 3 обговорюються структури даних, що допомагають оцінити кількість унікальних елементів, а глави 4 і 5 присвячені важливим обчисленням метрик, пов'язаних з частотою і рангами в потокових застосунках. Глава 6 складається із структур даних та алгоритмів для вирішення проблем подібності, зокрема — пошуку найближчого сусіда.

# Книга в Інтернеті

Приклади, додаткову інформацію та виявлені помилки можна знайти на сайті https://pdsa.gakhov.com. Якщо у вас є коментар, технічне питання за книгою, ви хочете повідомити про знайдену помилку або з будь-якого іншого питання, відправте лист за адресою pdsa@gakhov.com.

Якщо вас також цікавить програмна реалізація на Cython, що включає багато структур даних і алгоритми з цієї книги, будь ласка, ознайомтесь з нашою безкоштовною Python-бібліотекою з відкритим вихідним кодом під назвою PDSA, відвідавши https://github.com/gakhov/pdsa. Усі бажаючі можуть зробити свій внесок у будь-який час.

# Про автора

Андрій Гахов — математик і розробник програмного забезпечення, кандидат фізико-математичних наук у галузі математичного моделювання та чисельних методів. Протягом кількох років викладав на факультеті комп'ютерних наук Харківського національного університету імені В. Н. Каразіна (Україна), а в даний час обіймає посаду CTO в компанії ferret go GmbH, провідної компанії Німеччини в галузі модерації, автоматизації та аналітики спільнот. У сферу його інтересів входять машинне навчання, обробка та аналіз даних.

Найкращий спосіб зв'язатися з автором — через X (Twitter) @gakhov або відвідавши його веб-сторінку https://www.gakhov.com.

# Подяки

Автор хотів би подякувати Азміру Мустафіку та Жоа Ванкоппенолле за внесок у рецензування англійського видання книги та за їх корисні рекомендації. Велика подяка науковим рецензентам Катерині Несвіт та Дхаравату Рамешу за їхні безцінні пропозиції та зауваження. Особлива подяка Теду Даннінгу, автору алгоритму t-дайджест, за докладний огляд відповідного розділу, проникливі питання та обговорення.

Зрештою, дякую всім, хто залишив свої відгуки і допоміг закінчити цю книгу.

# 1

# Хешування

*Хешування* відіграє важливу роль у ймовірнісних структурах даних, які використовують його для рандомізації та компактного представлення даних. *Хеш-функція* стискає блоки вхідних даних довільної довжини, генеруючи ідентифікатор меншої (і у більшості випадків — фіксованої) довжини, відомий як *значення хеш-функції* або просто *хеш*.

Вибір хеш-функції є вирішальним для запобігання перекосів у розподілі і часто залежить від вхідних даних і безпосередніх сценаріїв використання, проте є й загальні властивості, якими повинна володіти відповідна хеш-функція.

Хеш-функції стискають вхідні дані, тому неможливо повністю уникнути випадків генерації однакових значень для двох різних блоків даних, відомих як *колізії хеш-функції*, проте можна обмежити ймовірність їх появи шляхом вибору хеш-функцій з відповідними властивостями.

У 1979 році Дж. Лоуренс Картер та Марк Вегман описали *універсальні хеш-функції*, математичні властивості яких гарантують низьку очікувану кількість колізій навіть для довільних вхідних даних.

Сімейство універсальних хеш-функцій $\text{H} = h$ ставить у відповідність вхідним елементам числа з діапазону $0, 1, \ldots, m-1$ і гарантує, що при випадковому виборі хеш-функції $h$ з такого сімейства, ймовірність колізій обмежена:

$$\Pr\Big(h(x) = h(y)\Big) \leq \frac{1}{m}, \text{ для будь-яких } x, y : x \neq y. \tag{1.1}$$

Отже, випадковий вибір хеш-функції з сімейства з властивостями (1.1) фактично відповідає випадковому рівномірному вибору елемента, що використовується у ймовірностних структурах даних.

Практично важливе сімейство універсальних хеш-функцій, призначене для роботи з цілими числами, визначається як

$$h_{k,q}(x) = ((k \cdot x + q) \bmod p) \bmod m, \tag{1.2}$$

де $k$ і $q$ — випадково вибрані цілі числа за модулем $p$ з $k \neq 0$. У якості параметра $p$ вибирається просте число $p \geq m$ і, як правило, використовується одне з відомих чисел Мерсенна (англ. Mersenne prime) — наприклад, для $m = 10^9$ можна вибрати $p = \text{M}_{31} = 2^{31} - 1 \approx 2 \cdot 10^9$.

Для деяких застосунків достатньо і простішої версії сімейства (1.2), наприклад,

$$h_{\{k\}}(x) = (k \cdot x \bmod p) \bmod m, \tag{1.3}$$

яке тільки приблизно універсальне, але все ще має низьку ймовірність колізій, очікувано меншу, ніж $\frac{2}{m}$.

Зазначені вище відомі сімейства хеш-функцій відіграють важливу роль, але обмежені цілочисельними вхідними даними, тоді як дедалі більше важливих застосунків оперують векторами змінної довжини і потребують швидких і надійних хеш-функцій із певними гарантованими властивостями.

На практиці використовують безліч різних хеш-функцій, найчастіше з менш вираженими математичними властивостями, але їх обирають з урахуванням вимог відповідних застосунків. У цьому розділі ми розглянемо популярні хеш-функції та допоміжні структури даних, які знаходять своє застосування в ймовірнісних структурах даних.

## 1.1 Криптографічні хеш-функції

Практично *криптографічні хеш-функції* визначаються як перетворення вхідних рядків змінної довжини в рядки фіксованої довжини. Вони дуже важливі в криптографії та широко застосовуються для обчислення цифрових підписів, автентифікації та перевірки цілісності повідомлень.

Як уже було зазначено, неможливо уникнути колізій хеш-функцій, однак безпечна хеш-функція повинна мати *стійкість до колізій*, що визначає достатню складність цілеспрямованого виявлення колізій. Звісно, це не означає, що колізій немає взагалі, їх усе ще можна знайти випадково або розрахувати заздалегідь (тому такі функції завжди вимагають математичних доказів перед застосуванням).

Криптографічні хеш-функції мають задовольняти трьом основним вимогам:

- *фактор трудовитрат* — отримання криптографічного хеша повинно бути обчислювально дорогим, щоб ускладнити знаходження вихідного рядка атакою методом грубої сили (англ. brute force);
- *стійкий стан* — криптографічний хеш не повинен мати внутрішнього стану, в якому він буде відповідати якомусь із ймовірних вхідних шаблонів;

- *дифузія* — кожен біт обчисленого хеш-значення має бути настільки ж складною функцією кожного біта вхідного значення. Тобто, при найменшій зміні вхідного значення, очікується, що хеш значно зміниться (лавинний ефект).

Теоретично криптографічні функції можна розділити на *хеш-функції з ключем*, які використовують певне секретне значення для обчислення, і *хеш-функції без ключа*, що працюють без нього. Ймовірнісні структури даних використовують тільки функції без ключа, які включають в себе *односторонні хеш-функції*, *стійкі до колізій хеш-функції* і *універсальні односторонні хеш-функції*. Ці класи функцій відрізняються тільки деякими додатковими властивостями.

Односторонні хеш-функції задовольняють таким вимогам:

- застосовність до блоків даних довільної довжини (на практиці довжина обмежена якоюсь дуже великою константою);
- вихідне значення (хеш) фіксованої довжини;
- *стійкість до знаходження прообразу* (*односторонність*) — має бути обчислювально неможливо знайти вхідне значення за відомим хеш-значенням.

Крім того, для стійких до колізій хеш-функцій одержання однакового хеш-значення для двох відмінних вхідних даних має бути також украй малоймовірним.

Як альтернатива вимозі стійкості до колізій, універсальні односторонні хеш-функції можуть бути *стійкі до знаходження другого прообразу*, що означає обчислювальну неможливість знаходження другого вхідного значення, відмінного від першого, хеш-значення яких збігаються.

Зазначимо, що стійкість до колізій включає в себе стійкість до знаходження другого прообразу, але через фіксованість вхідного значення в таких атаках, загальна складність знаходження другого прообразу вища, ніж при пошуку колізії.

Наслідком вимог до криптографічних функцій (зокрема, їхнього високого фактора трудовитрат) є більший час обчислення, ніж у хеш-функцій загального призначення. Наприклад, функція SHA–1, що обговорюється нижче, перебуває на рівні 540 МіБ/секунду[1], тоді як популярні некриптографічні функції мають порядок 2500 МіБ/секунду і більше.

## Message–Digest

Популярний *алгоритм Message–Digest*, відомий як MD5, був запропонований Рональдом Рівестом 1991 року як заміна застарілому на той час алгоритму MD4. Це популярний криптографічний алгоритм хешування, визначений у стандарті IETF RFC 1321, який для вхідних повідомлень (англ. message) довільної довжини обчислює хеш-значення фіксованої довжини в 128-біт (англ. digest).

Алгоритм MD5 заснований на схемі Меркла–Дамгарда (англ. Merkle–Damgård schema). На першому етапі він перетворює вхідний блок даних довільної довжини на послідовність блоків однакового розміру (512-бітові блоки або шістнадцять 32-бітних слів), останній блок доповнюється нулями, якщо це необхідно. Для забезпечення стійкості хешування схема використовує процедуру зміцнення Меркла-Дамгарда, згідно з якою вхідні дані доповнюються блоком, що кодує довжину початкового повідомлення. Далі отримані блоки стискаються один за одним за допомогою функції стиснення, причому кожен наступний блок використовує результат стиснення попереднього. Підсумком застосування алгоритму є 128-бітове хеш-значення, отримане в результаті стиснення останнього блоку, до якого додатково може застосовуватися функція фіналізації для збільшення дифузії та досягнення лавинного ефекту.

Алгоритм MD5 часто використовують для контролю цілісності файлів. Замість перевірки, що файл не змінився шляхом перегляду безпосереднього вмісту, досить просто порівняти його поточне і збережене MD5 хеш-значення.

---

[1] Crypto++ 6.0.0 Benchmarks `https://www.cryptopp.com/benchmarks.html`

Як зазначено у Vulnerability Note VU#836068[2], алгоритм MD5 вразливий до колізійних атак. Виявлена вразливість в алгоритмі дає змогу побудувати відмінні одне від одного повідомлення з однаковим MD5 хеш-значенням. У результаті атакуючі можуть генерувати криптографічні токени або підписи, які незаконно представляються справжніми. Наразі не рекомендується використовувати MD5 як криптографічний алгоритм хешування, однак ці вразливості не мають великого значення для ймовірнісних структур даних.

## Secure Hash Algorithms

Сімейство *Secure Hash Algorithms* розроблене Агентством національної безпеки США (англ. NSA) та опубліковане Національним інститутом стандартів і технологій (англ. NIST). Перший алгоритм сімейства, відомий як SHA–0, було опубліковано 1993 року, і доволі швидко його замінили алгоритмом SHA–1, що отримав загальне визнання. Він видавав більш довге 160-бітове (20-байтове) хеш-значення, а його стійкість була покращена виправленням вразливостей, знайдених у SHA–0.

SHA–1 використовувався багато років у різних застосунках і більшість інтернет-сайтів було підписано алгоритмами на його основі. Однак у 2005 році було знайдено вразливість і в SHA–1, що призвело до заборони його застосування для державних інтернет-сайтів з 2010 року, а роком пізніше і загалом у мережі Інтернет. Також як і для MD5, знайдені вразливості не впливають на їхнє використання в ймовірнісних структурах даних.

Опубліковане 2001 року сімейство SHA–2 містить криптографічні алгоритми хешування з різними розмірами вихідного хеш-значення: SHA–224, SHA–256, SHA–384, SHA–512 та інші. SHA–2 сильніший порівняно з SHA–1, і очікується, що успішні атаки на SHA–2 малоймовірні за наявних обчислювальних можливостей.

[2] VU#836068 http://www.kb.cert.org/vuls/id/836068

## RadioGatún

Сімейство криптографічних алгоритмів хешування RadioGatún запропоновано Гвідо Бертоні, Йоаном Даменом, Мікаелем Петерсом і Жилем Ван Аше на Second Cryptographic Hash Workshop у 2006 році [Be06]. На момент виходу RadioGatún покращив популярну раніше хеш-функцію *Panama*, у якій було знайдено вразливості.

Аналогічно до інших хеш-функцій, вхідне значення розбивається на послідовність блоків, які включаються у внутрішній стан алгоритму, використовуючи спеціальну функцію. Далі ітеративно на кожному циклі (раунді) застосовується обрана некриптографічна функція раунду (англ. *belt-and-mill* round function). У кожному раунді, стан представляється двома частинами — поясом (англ. belt) і млином (англ. mill), кожну з яких функція раунду обробляє окремо. Робота функції раунду складається з чотирьох паралельних операцій: 1) застосування нелінійної функції до млина; 2) застосування простої лінійної функції до пояса; 3) лінійне пересилання деяких бітів із млина в пояс; 4) лінійне пересилання деяких бітів із пояса в млин. Після увімкнення всіх вхідних блоків алгоритм проходить деяку кількість раундів без вхідних і вихідних даних (порожні раунди), а отриманий внутрішній стан повертається як вихідне хеш-значення.

За однакової тактової частоти (англ. clock frequency) RadioGatún32, за деякими оцінками, у 12 разів випереджає SHA–256 для довгих вхідних даних, у 3.2 раза швидше для коротких вхідних даних, за меншої кількості логічних вентилів. RadioGatún64 навіть у 24 рази швидший за SHA–256 для довгих вхідних даних, але має на 50% більше логічних вентилів.

Серед усього сімейства функція RadioGatún64 з 64-бітовими словами є вибором за замовчуванням і оптимальною для 64-розрядних платформ. Для поліпшеної продуктивності на 32-розрядних платформах може бути використана і RadioGatún32 з 32-бітними словами.

# 1.2 Некриптографічні хеш-функції

На відміну від криптографічних, вимоги до яких описано раніше, некриптографічні хеш-функції не мають вбудованого захисту від атак, спрямованих на пошук колізій, і тому не вимагають високої складності та стійкості. Однак вони мають бути швидкими в обчисленні та гарантувати низьку ймовірність колізій, даючи змогу хеширувати великі обсяги даних за фіксований час із прийнятною ймовірністю помилки.

## Fowler/Noll/Vo

Некриптографічний *алгоритм Fowler/Noll/Vo* (FNV або FNV1) бере свій початок від ідеї, надісланої в якості коментаря рецензента в IEEE POSIX P1003.2. Його розробив Гленн Фаулер та Фонг Во у 1991 році, а згодом покращив Лендон Нолл [Fo18].

Алгоритм FNV підтримує внутрішній стан, який ініціалізовано спеціальним базисом зміщення. Після чого алгоритм розбиває вхідне значення на блоки по 8 біт, проводить множення значення внутрішнього стану на обрану велику числову константу, відому як *FNV Prime*, та застосовує логічне віднімання (виключаюче "або") до вхідного блоку. Щойно останній вхідний блок оброблено, отримане значення внутрішнього стану повертається як хеш-значення.

Величини константи FNV Prime і базису зсуву є зумовленими параметрами алгоритму і залежать від довжини вироблених хеш-значень. Як зазначив Лендон Курт Нолл, вибір простих чисел є важливою умовою ефективної роботи FNV алгоритму, а деякі прості числа є кращими за інші за однієї і тієї ж довжини хеш-значень.

Модифікація алгоритму FNV1a відрізняється від основного алгоритму порядком застосування операцій логічного віднімання та множення. Хоча обидва алгоритми використовують однакові значення FNV Prime, FNV1a забезпечує трохи кращу дифузію, не впливаючи на продуктивність, тому вважається кращим.

Сімейство алгоритмів FNV містить алгоритми для обчислення 32-, 64-, 128-, 256-, 512- і 1024-бітних хеш-значень.

Алгоритм FNV дуже простий у реалізації, а високий розкид одержуваних хеш-значень робить його придатним для хешування практично ідентичних рядків. Його широко застосовують у DNS серверах, X(Twitter), індексуванні в базах даних і пошукових системах. Кілька років тому 32-бітову версію алгоритму FNV1a було рекомендовано як алгоритм хешування для генерації міток потоку в протоколі IPv6 [An12].

## MurmurHash

Ще одне популярне сімейство хеш-функцій, відоме як *MurmurHash*, було опубліковано Остіном Епплбі в 2008 році, а в 2011 році [Ap11] вийшла поліпшена версія — *MurmurHash3*. Сімейство MurmurHash3 включає в себе 32- і 64-бітні версії для x86 і x64 платформ.

Алгоритми сімейства MurmurHash використовують спеціальний ймовірнісний прийом наближеного обчислення глобального оптимуму, що ефективно змішує біти вхідного значення для отримання бітів вихідного хеш-значення. Різні покоління різняться головним чином своїми змішувальними функціями. Як стверджується, цей алгоритм удвічі швидший, ніж оптимізований за швидкістю алгоритм[3] *lookup3*.

Наразі MurmurHash3 є одним із найпопулярніших алгоритмів і використовується в Apache Hadoop, Apache Cassandra, Elasticsearch, libstdc++, nginx та інших застосунках.

## CityHash і FarmHash

У 2011 році Google опублікував нове сімейство некриптографічних хеш-функцій для рядків, відоме як *CityHash*, розроблене Джеффом Пайком і Юркі Алакуіялою [Pi11] на основі алгоритму MurmurHash2.

Алгоритми сімейства CityHash розроблялися з фокусом на роботу з короткими рядками (як правило, до 64 байт), що становлять основний інтерес для хеш-таблиць і ймовірнісних структур даних. Сімейство містить 32-, 64-, 128- і 256-бітні версії. Для таких коротких рядків 64-бітна версія CityHash64 працює швидше MurmurHash і перевершує 128-бітну версію CityHash128. Для довгих рядків, розміром понад

[3] Hash Functions and Block Ciphers `https://burtleburtle.net/bob/hash/`

кілька сотень байт, алгоритм CityHash128 є кращим серед інших алгоритмів сімейства, однак на практиці все ж таки краще використовувати MurmurHash3 у таких випадках.

Недоліками CityHash є його складність і залежність від компіляторів, що може суттєво впливати на швидкість роботи.

У 2014 році Google опублікував наступника CityHash під назвою *FarmHash*, розробленого Джеффом Пайком [Pi14]. Новий алгоритм, заснований на оновленій версії алгоритму MurmurHash, успадкував більшість прийомів, використаних у CityHash (що, на жаль, зробило його настільки ж складним). Зазначимо, що FarmHash ретельно змішує вхідні біти, але недостатньо для застосування в криптографії.

FarmHash застосовує специфічні техніки процесорної оптимізації та вимагає спеціального налаштування компілятора для отримання кращої продуктивності, а також залежить від платформи, як, утім, і хеш-значення, яке він повертає.

Сімейство функцій FarmHash містить безліч версій, а 64-бітна версія Farm64 перевершує такі алгоритми як CityHash, MurmurHash3 і FNV у тестах на багатьох платформах, включно з мобільними пристроями.

## 1.3 Хеш-таблиці

*Хеш-таблиця* — це словникова структура даних, що складається з невпорядкованого асоціативного масиву довжини $m$, записи якого називаються *відрами* (англ. bucket) та, як правило, індексуються числовим ключем у діапазоні $\{0, 1, \ldots, m-1\}$. Щоб вставити елемент у хеш-таблицю, використовується хеш-функція для обчислення значення ключа, що визначає відповідну комірку для зберігання.

Очевидно, що безліч вхідних даних (універсум) набагато більша, ніж ємність $m$ хеш-таблиці, тому колізії в ключах неминучі. Крім того, зі зростанням кількості елементів у хеш-таблиці, зростає і кількість таких колізій.

Найважливішою характеристикою хеш-таблиць є *коефіцієнт заповнення* $\alpha$ (англ. load factor), що визначається як відношення числа використовуваних ключів $n$ до загальної довжини таблиці $m$:

$$\alpha := \frac{n}{m}.$$

Коефіцієнт заповнення - це міра того, наскільки повна хеш-таблиця і, оскільки $n$ не може перевищувати ємність $m$ хеш-таблиці, він обмежений зверху одиницею. Коли $\alpha$ наближається до максимуму, ймовірність колізій значно зростає, приводячи до необхідності збільшення ємності таблиці, що вимагає перерахунку всіх ключів і виділення додаткової пам'яті.

Усі реалізації хеш-таблиць мають розв'язувати проблему колізій і пропонувати стратегію їхнього опрацювання. На практиці існує два основні методи:

- *закрита адресація* — зберігати елементи, що зіткнулися, під тими самими ключами, але у вторинній структурі даних;
- *відкрита адресація* — зберігати зіштовхнуті елементи в основній таблиці, але в позиціях, відмінних від їхніх початкових ключів, і надавати якийсь спосіб звернення до них.

Техніка закритої адресації є найбільш очевидним способом вирішення колізій. Існує безліч різних реалізацій, наприклад, *метод ланцюжків* (англ. separate chaining), який зберігає елементи, які зіткнулися, у зв'язаному списку, *метод ідеального хешування* (англ. perfect hashing), який використовує спеціальні хеш-функції і вторинні хеш-таблиці різної довжини.

Замість того, щоб створювати вторинну структуру даних у будь-якій формі, можна розв'язати колізії, зберігаючи елементи, що зіткнулися, в іншому місці основної таблиці, але надаючи спосіб звернення до них. Оскільки адреса елемента спочатку не відома, ця техніка відома як відкрита адресація.

Тепер розглянемо дві реалізації відкритої адресації, які корисні для ймовірнісних структур даних, описаних далі в цій книзі.

## Лінійне зондування

Однією з найпростіших реалізацій хеш-таблиць з відкритою адресацією є алгоритм *лінійного зондування*[4] (англ. Linear probing), запропонований Джином Амдалом, Елейн МакГроу та Артуром Семюелем у 1954 році та проаналізований Дональдом Кнутом у 1963 році. Ідея алгоритму полягає в тому, щоб помістити елементи, що зіткнулися, в наступне порожнє відро. Його назва походить від того, що кінцеве положення елемента буде лінійно зміщене від канонічного (визначеного хеш-функцією) відра, оскільки ми перевіряємо (випробовуємо) одне відро за іншим.

Хеш-таблицю LinearProbing можна уявити як круговий масив, який зберігає індексовані значення у відрах. Щоб вставити новий елемент $x$, необхідно обчислити його ключ $k = h(x)$, використовуючи єдину хеш-функцію $h$. Якщо відро, що відповідає цьому ключу, не порожнє і містить інше значення (що означає колізію), ми продовжуємо переглядати наступні відра за годинниковою стрілкою, поки не знайдемо вільне місце, де можна зберегти елемент $x$. Моніторинг коефіцієнта завантаженості хеш-таблиці може гарантувати, що в підсумку вільне місце обов'язково буде знайдено.

Для пошуку заданого елемента $x$ у таблиці необхідно обчислити його ключ $k$, використовуючи ту саму хеш-функцію $h$, і почати процедуру зондування відер за годинниковою стрілкою, починаючи з канонічного відра з ключем $k = h(x)$, доки потрібний елемент $x$ не буде знайдений або з'явиться порожнє відро — ознака відсутністі елемента в таблиці.

**Приклад 1.1:** Лінійне зондування

Розглянемо хеш-таблицю LinearProbing завдовжки $m = 12$ і хеш-функцію на основі 32-бітної MurmurHash3, що відображає універсум на діапазон $\{0, 1, \ldots, m-1\}$:

$$h(x) := \text{MurmurHash3}(x) \bmod m.$$

Припустимо, що ми хочемо зберігати в хеш-таблиці різні назви кольорів,

[4] також "лінійне випробування"

починаючи з ***red***. Його хеш-значення дорівнює

$$h = h(\boldsymbol{red}) = 2352586584 \bmod 12 = 0.$$

Оскільки на початку хеш-таблиця LinearProbing порожня, відро з ключем $k = 0$ не містить елементів, і ми зберігаємо елемент туди:

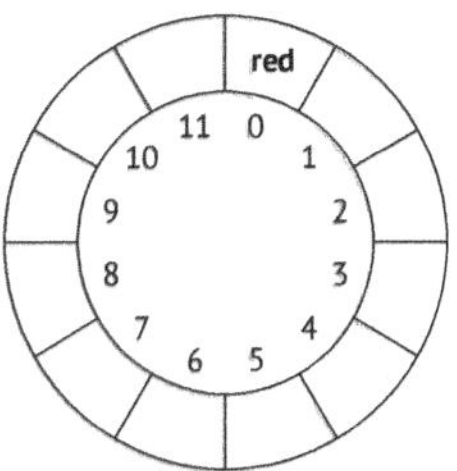


Далі беремо елемент ***green***, хеш-значення якого дорівнює

$$h = h(\boldsymbol{green}) = 150831125 \bmod 12 = 5.$$

Відро з ключем $k = 5$ порожнє, тож ми зберігаємо в ньому цей елемент.

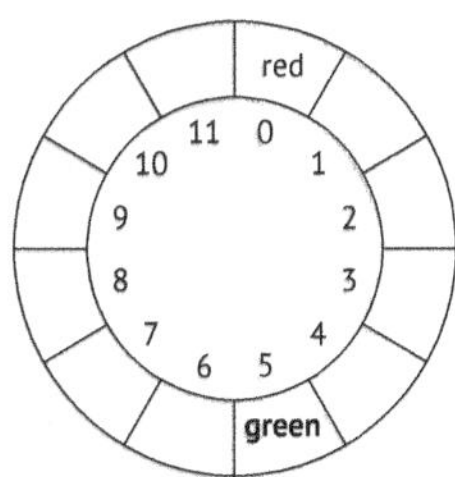


Тепер розглянемо елемент ***white***. Його хеш-значення дорівнює

$$h = h(\boldsymbol{white}) = 16728905 \bmod 12 = 5.$$

Канонічним відром для цього елемента є відро з ключем $k = 5$. Однак це відро вже зайняте іншим елементом, що означає виникнення колізії. У цьому випадку необхідно застосувати алгоритм лінійного зондування і спробувати знайти наступне порожнє відро, рухаючись за годинниковою стрілкою від канонічної позиції відра. На щастя, наступне відро з ключем $k = 6$ вільне, і ми поміщаємо туди елемент ***white***.

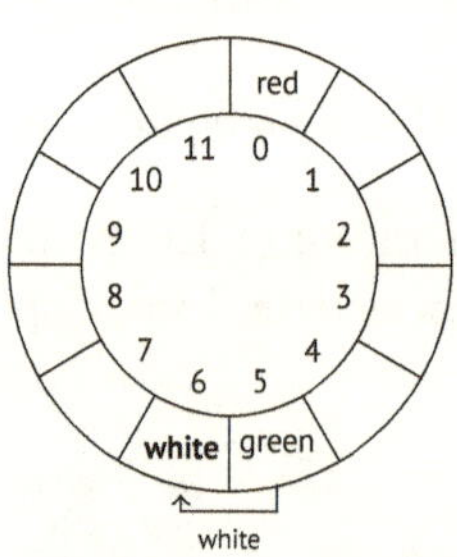


Під час пошуку елемента ***white*** в хеш-таблиці LINEARPROBING ми спочатку перевіряємо його канонічне відро з ключем $k = 5$. Оскільки це відро містить інше значення — починаємо перевіряти відра за годинниковою стрілкою, починаючи з ключа $k + 1 = 6$. На щастя, наступне відро з ключем $k = 6$ містить шукане значення і можна зробити висновок, що елемент присутній у хеш-таблиці.

Алгоритм лінійного зондування дуже чутливий до вибору хеш-функції $h$, оскільки вона має забезпечувати ідеально рівномірний розподіл. На жаль, на практиці це неможливо, і продуктивність алгоритму швидко погіршується в міру розбіжності фактичного розподілу. Для вирішення цієї проблеми використовують методи додаткової рандомізації.

Алгоритм вимагає $O(1)$ часу на кожну операцію, поки хеш-таблиця LINEARPROBING не заповнена (коефіцієнт заповнення суворо менший за одиницю). Найдовша послідовність перевірок в алгоритмі лінійного зондування має очікувану довжину $O(\log n)$.

## Хешування Cuckoo

Іншою реалізацією відкритої адресації є *хешування Cuckoo*, представлене Расмусом Пагом і Флеммінгом Фріче Родлером у 2001 році та опубліковане у 2004 році [Pa04]. Основна ідея алгоритму полягає у використанні двох хеш-функцій замість однієї.

Хеш-таблиця CUCKOO являє собою масив відер, де замість одного канонічного відра, як у лінійному зондуванні та багатьох інших алгоритмах, кожний елемент має два відра-кандидати, які визначаються двома різними хеш-функціями.

Для індексації нового елемента $x$ у таблицю Cuckoo спочатку обчислюємо ключі для двох відер-кандидатів за допомогою хеш-функцій $h_1$ і $h_2$. Якщо хоча б одне з цих відер порожнє, ми вставляємо елемент у це відро. У протилежному випадку необхідно випадковим чином вибрати одне з цих відер і зберегти в ньому елемент $x$, одночасно переміщуючи наявний у цьому відрі елемент у його альтернативне відро-кандидат. Ми повторюємо цю процедуру доти, доки не буде знайдено порожнє відро або доки не буде досягнуто максимальної кількості переміщень. Якщо порожнє відро не знайдено, хеш-таблиця вважається повною.

> Хоча хешування Cuckoo може ініціювати цілий ланцюжок переміщень, воно зберігає постійний час O(1) для завершення.

Процедура пошуку проста і виконується за постійний час. Потрібно просто визначити відра-кандидати для вхідного елемента, обчисливши його хеші $h_1$ і $h_2$, і перевірити, чи присутній такий елемент в одному з цих відер. Видалення виконується аналогічно.

**Приклад 1.2:** Хешування Cuckoo

Розглянемо хеш-таблицю Cuckoo довжини $m = 12$ з двома 32-бітними хеш-функціями MurmurHash3 і FNV1a, які повертають значення в діапазоні $\{0, 1, \ldots, m - 1\}$:

$$h_1(x) := \text{MurmurHash3}(x) \bmod m,$$
$$h_2(x) := \text{FNV1a}(x) \bmod m.$$

Як і в Прикладі 1.1, індексуємо назви кольорів у хеш-таблицю, починаючи з ***red***. Ключі відер-кандидатів ми отримуємо, застосовуючи обрані нами хеш-функції:

$$h_1(\textbf{\textit{red}}) = 2352586584 \bmod 12 = 0,$$
$$h_2(\textbf{\textit{red}}) = 1089765596 \bmod 12 = 8.$$

Хеш-таблиця Cuckoo порожня, тому беремо одне з відер-кандидатів, наприклад, відро з ключем $k = h_1(\textbf{\textit{red}}) = 0$, та індексуємо в нього поточний елемент.

| 0 | 1 | 2 | 3 | 4 | 5 | 6 | 7 | 8 | 9 | 10 | 11 |
|---|---|---|---|---|---|---|---|---|---|---|---|
| **red** | | | | | | | | | | | |

Далі розглянемо елемент ***black***, чиїми відрами-кандидатами є $h_1(\boldsymbol{black}) = 6$ і $h_2(\boldsymbol{black}) = 0$. Оскільки відро з ключем $k = 0$ зайняте іншим елементом, можна індексувати його тільки в альтернативне відро $k = 6$, яке вільне.

| 0 | 1 | 2 | 3 | 4 | 5 | 6 | 7 | 8 | 9 | 10 | 11 |
|---|---|---|---|---|---|---|---|---|---|---|---|
| red | | | | | | **black** | | | | | |

Аналогічна ситуація для елемента ***silver*** з $h_1(\boldsymbol{silver}) = 5$ і $h_2(\boldsymbol{silver}) = 0$, який ми зберігаємо у відрі з ключем $k = 5$, бо відро 0 зайняте.

| 0 | 1 | 2 | 3 | 4 | 5 | 6 | 7 | 8 | 9 | 10 | 11 |
|---|---|---|---|---|---|---|---|---|---|---|---|
| red | | | | | **silver** | black | | | | | |

Тепер розглянемо елемент ***white***. Хеш-значення цього елемента:

$$h_1(\boldsymbol{white}) = 16728905 \bmod 12 = 5,$$
$$h_2(\boldsymbol{white}) = 3724674918 \bmod 12 = 6.$$

Як ми бачимо, обидва його відра-кандидати зайняті і необхідно виконати переміщення відповідно до схеми хешування Cuckoo.

Спочатку випадковим чином вибираємо одне з відер-кандидатів, припустимо відро з ключем $k = 5$, і поміщаємо в нього елемент ***white***. Елемент ***silver*** з відра 5 має бути переміщений у його альтернативне відро 0. Однак відро з ключем 0 не порожнє, тому ми зберігаємо елемент ***silver***, а елемент ***red*** переміщуємо з цього відра в його інше відро-кандидат. На щастя, альтернативне відро з ключем 8 для елемента ***red*** вільне, і після збереження його в цьому відрі ми завершуємо процедуру вставки.

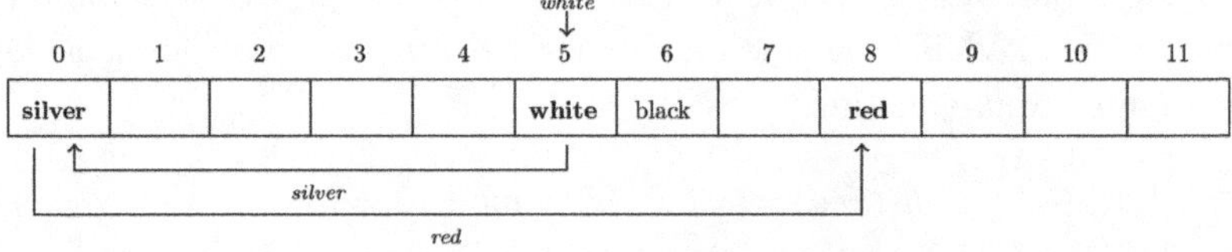


Наприклад, коли необхідно перевірити існування елемента ***silver*** в таблиці, ми перевіряємо тільки його відра-кандидати, якими є 5 і 0, як ми з'ясували раніше. Оскільки цей елемент присутній в одному з них, у відрі з ключем 0 у даному випадку, ми робимо висновок, що елемент ***silver*** присутній у хеш-таблиці Cuckoo.

Хешування Cuckoo забезпечує високу щільність заповнення, але вимагає, щоб довжина хеш-таблиці була трохи більшою, ніж просто місце для зберігання всіх елементів. Модифікація схеми хешування Cuckoo використовується в ймовірнісній структурі даних під назвою фільтр Cuckoo, яку ми детально опишемо в наступному розділі.

## Підсумок

У цьому розділі ми познайомилися з поняттям хешування, розглянули його переваги та недоліки, а також роль у різних структурах даних. Ми розглянули криптографічні та некриптографічні хеш-функції, включно з тими, що найчастіше використовуються на практиці, дізналися про універсальне хешування, яке є дуже важливим з теоретичної точки зору. Як приклади застосування хеш-функцій ми розглянули хеш-таблиці, які є простими структурами даних, що зіставляють ключі зі значеннями та відповідають на запити про приналежність. Ми дослідили приклади хеш-таблиць із відкритою адресацією, які будемо використовувати в наступних розділах під час розгляду ймовірнісних структур даних.

Якщо вас цікавить детальніша інформація про розглянутий матеріал або ви хочете прочитати оригінальні статті, перегляньте список літератури, що йде за цим розділом.

У наступному розділі ми обговоримо перші ймовірнісні структури даних — розширення хеш-таблиць, відомі як *фільтри*, які також використовуються для пошуку відповідей на запити про приналежність, але враховують специфіку застосунків Big Data, де потрібний об'єм пам'яті обмежений, а швидкість пошуку має бути досить високою.

# Бібліографія

[An12] Anderson, L., et al. (2012) "Comparing hash function algorithms for the IPv6 flow label", *Computer Science Technical Reports*, 2012.

[Ap11] Appleby, A. (2011) "MurmurHash", *sites.google.com*, https://sites.google.com/site/murmurhash/, Accessed Sept. 18, 2018.

[Ap16] Appleby, A. (2016) "SMHasher", *github.com*, https://github.com/aappleby/smhasher, Accessed Sept. 18, 2018.

[Be06] Bertoni, G., et al. (2006) "RadioGatún, a belt-and-mill hash function", Presented at the Second Cryptographic Hash Workshop, Santa Barbara - August 24–25, 2006.

[Fo18] Fowler, G., et al. (2018) "The FNV Non-Cryptographic Hash Algorithm", *IETF Internet-Draft.* Version 15, https://tools.ietf.org/html/draft-eastlake-fnv-15, Accessed Sept. 18, 2018.

[Fr84] Fredman, M. L., Komlós, J., and Szemerédi, E. (1984) "Storing a Sparse Table with 0(1) Worst Case Access Time", *Journal of the ACM (JACM)*, Vol. 31 (3), pp. 538–544.

[Fu09] Fuhr, T., Peyrin, T. (2009) "Cryptoanalysis of RadioGatún", In: Dunkelman O. (eds) Fast Software Encryption. *Lecture Notes in Computer Science*, Vol. 5665, Springer, Heidelberg

[He85] Heileman, G. L., Luo, W. (1985) "How Caching Affects Hashing", *Proceedings of the 7th Workshop on Algorithm Engineering and Experiments (ALENEX)*, pp. 141–154.

[Pa04] Pagh, R., Rodler, F. F. (2004) "Cuckoo hashing", *Journal of Algorithms*, Vol. 51 (2), pp. 122–144.

[Pi14] Pike, G. (2014) "FarmHash, a family of hash functions", *github.com*, https://github.com/google/farmhash, Accessed Sept. 18, 2018.

[Pi11] Pike, G., Alakuijala, J. (2011) "CityHash, a family of hash functions for strings", *github.com*, https://github.com/google/cityhash, Accessed Sept. 18, 2018.

# 2

# Приналежність

*Задача перевірки приналежності* (англ. membership problem) для набору даних — це задача визначити, чи присутній заданий елемент у наборі даних. Для невеликих наборів її можна розв'язати шляхом прямого пошуку і подальшого порівняння шуканого елемента з кожним елементом набору. Однак такий наївний підхід прямо пропорційно залежить від кількості елементів у наборі і займає в середньому $O(\log n)$ порівнянь (на попередньо відсортованих даних), де $n$ — загальна кількість елементів. Очевидно, що для величезних наборів даних, якими оперують застосунки Big Data, такий підхід є неефективним, потребує надто багато часу і $O(n)$ пам'яті для зберігання елементів.

**Приклад 2.1:** Проблема безпечного перегляду

Уявімо, що ми розробляємо веб-браузер. Відомо, що деякі URL-адреси можуть містити шкідливе програмне забезпечення або заборонений контент, тому ми хочемо попередити користувачів при спробах відвідування таких сторінок. Простим рішенням, що мінімізує мережевий трафік, є зберігання всіх відомих нам шкідливих URL у самому застосунку, а під час введення користувачем чергової адреси перевіряти, чи не є вона небажаною.

Така наївна реалізація працюватиме досить добре, доки кількість "поганих" URL-адрес невелика. На жаль, це не так для реальних застосунків, і через деякий час нам уже знадобиться спеціальна структура, що зможе зберігати такі URL (або, в ідеалі, лише деяку інформацію про них), не збільшуючись лінійно в розмірах при появі кожної нової адреси. Крім можливості перевіряти наявність URL у списку, вона має давати змогу виконати таку перевірку досить швидко, щоб не змушувати користувачів очікувати.

Додатки, в яких необхідно проводити перевірку приналежності, не обмежуються специфічними для комп'ютерних наук задачами.

**Приклад 2.2:** ДНК-аналіз (Stranneheim et al., 2010)

Одним із важливих питань метагеномних досліджень є класифікація послідовностей або як "нових", або як таких, що належать до відомого геному, тобто відсіювання даних, що вже зустрічалися раніше.

Етап попереднього опрацювання, на якому виконуються запити на приналежність до відомих послідовностей, якщо він здійснюється ефективно, може зменшити складність даних до проведення ретельнішого та більш ресурсномісткого аналізу.

Можливі обхідні рішення, як-от розбиття наборів на частини та паралельне виконання порівнянь, можуть допомогти в скороченні часу обчислень. Однак це не завжди може бути застосовано, оскільки при обробці великих даних зберігання таких величезних наборів елементів є практично нездійсненним завданням.

З іншого боку, у багатьох випадках немає необхідності точно знати, який конкретно елемент із множини було зіставлено, а тільки те, що *відбувся збіг*, і тому достатньо зберігати тільки якісь сигнатури елементів, а не всі значення повністю.

Завдання швидкої перевірки на приналежність елемента до множини може бути вирішене за допомогою хешування, яке також є найпростішим способом. За допомогою хеш-функції кожен елемент набору даних може бути записаний у хеш-таблицю, яка зберігає (відсортований) список хеш-значень. Такий підхід дає лише невелику ймовірність помилок (спричинених можливими колізіями), однак вимагає близько $O(\log n)$ біт на кожен хешований елемент, що може бути нездійсненно на практиці для величезних наборів даних.

У цьому розділі ми розглянемо популярні альтернативи звичайним хеш-таблицям, які вимагають менше пам'яті, швидше виконують перевірку і забезпечують навіть меншу ймовірність помилки. Такі компактні структури даних допомагають обробляти великі обсяги даних і дають змогу виконувати запити на приналежність із хорошою продуктивністю. Ми почнемо з фільтра Bloom, потім познайомимося з його розширеннями та модифікаціями і, нарешті, вивчимо його сучасні альтернативи.

## 2.1 Фільтр Bloom

Найпростішою і найвідомішою структурою даних, що розв'язує задачу перевірки приналежності, є *фільтр Bloom*[1], запропонований Бертоном Говардом Блумом у 1970 році [Bl70]. Він може дуже ефективно зберігати велику множину даних, не зберігаючи самі елементи, а тільки (майже) унікальний набір бітів, що відповідає деякій кількості хеш-функцій, застосованих до елементів алгоритмом.

Це ефективна й компактна ймовірнісна структура даних для представлення набору даних $\mathbb{D} = \{x_1, x_2, \dots, x_n\}$ з $n$ елементів, яка підтримує всього дві операції:

- *додавання* елемента в множину (індексація);
- *перевірка* приналежності елемента до множини (тестування).

[1] також "фільтр Блума"

Практично фільтр Bloom представлений бітовим масивом і може бути описаний його довжиною $m$ і кількістю використовуваних хеш-функцій $\{h_i\}_{i=1}^k$. Передбачається, що $m$ пропорційно очікуваній кількості елементів $n$, а $k$ набагато менше $m$.

Хеш-функції $h_i$ мають бути незалежними та рівномірно розподіленими, завдяки чому ми рівномірно рандомізуємо хеш-значення у фільтрі (хеш-функції використовуються як такий собі генератор випадкових чисел) та зменшуємо ймовірність хеш-колізій.

Такий підхід значно скорочує простір для зберігання даних і, незалежно від кількості елементів у структурі даних та їхнього розміру, потребує постійної кількості бітів, резервуючи лише кілька бітів на елемент.

Структура даних BloomFilter являє собою бітовий масив довжини $m$, де спочатку всі біти дорівнюють нулю, тобто фільтр порожній. Щоб вставити елемент $x$ у фільтр, для кожної хеш-функції $h_k$ необхідно обчислити її значення $j = h_k(x)$ для елемента $x$ і встановити відповідний біт $j$ у фільтрі (записати одиницю в бітовий масив). Звернемо увагу, що деякі біти цілком можуть бути встановлені кілька разів через хеш-колізії.

**Алгоритм 2.1:** Додавання елемента у фільтр Bloom

```
Input: Елемент x ∈ D
Input: Фільтр Bloom з k хеш-функціями {h_i}_{i=1}^k
for i ← 1 to k do
    j ← h_i(x)
    BloomFilter[j] ← 1
```

**Приклад 2.3:** Додавання елементів у фільтр

Розглянемо фільтр Bloom довжини $m = 10$ і дві 32-бітові хеш-функції — MurmurHash3 і FNV1a, які мають значення в діапазоні $\{0, 1, \ldots, m-1\}$:

$$h_1(x) := \text{MurmurHash3}(x) \bmod m,$$
$$h_2(x) := \text{FNV1a}(x) \bmod m.$$

Порожній фільтр має такий вигляд:

| 0 | 1 | 2 | 3 | 4 | 5 | 6 | 7 | 8 | 9 |
|---|---|---|---|---|---|---|---|---|---|
| 0 | 0 | 0 | 0 | 0 | 0 | 0 | 0 | 0 | 0 |

Як приклад, додамо у фільтр назви столиць. Почнемо з ***Copenhagen***. Для того, щоб знайти відповідні біти у фільтрі, обчислимо його хеш-значення:

$$h_1(\boldsymbol{Copenhagen}) = \text{MurmurHash3}(\boldsymbol{Copenhagen}) \bmod 10 = 7,$$
$$h_2(\boldsymbol{Copenhagen}) = \text{FNV1a}(\boldsymbol{Copenhagen}) \bmod 10 = 3.$$

Отже, у фільтрі необхідно встановити біти 3 і 7:

| 0 | 1 | 2 | 3 | 4 | 5 | 6 | 7 | 8 | 9 |
|---|---|---|---|---|---|---|---|---|---|
| 0 | 0 | 0 | **1** | 0 | 0 | 0 | **1** | 0 | 0 |

Існує ймовірність того, що різні елементи можуть спільно використовувати відповідні біти. Наприклад, додамо у фільтр ще один елемент — ***Dublin***:

$$h_1(\boldsymbol{Dublin}) = \text{MurmurHash3}(\boldsymbol{Dublin}) \bmod 10 = 1,$$
$$h_2(\boldsymbol{Dublin}) = \text{FNV1a}(\boldsymbol{Dublin}) \bmod 10 = 3.$$

Як ви можете бачити, його відповідні бітові позиції у фільтрі — 1 і 3, де тільки біт 1 ще не встановлений (це означає, що якийсь елемент у фільтрі, яким не є ***Dublin***, має 3 як один із відповідних йому бітів):

| 0 | 1 | 2 | 3 | 4 | 5 | 6 | 7 | 8 | 9 |
|---|---|---|---|---|---|---|---|---|---|
| 0 | **1** | 0 | 1 | 0 | 0 | 0 | 1 | 0 | 0 |

Для визначення приналежності заданого елемента $x$ фільтру ми обчислюємо всі $k$ хеш-функцій $h_i = \{h_i(x)\}_{i=1}^{k}$ і перевіряємо біти у відповідних позиціях. Якщо *всі* біти дорівнюють одиниці, тоді елемент $x$ **може бути присутнім** у фільтрі.

У протилежному випадку елемент $x$ **безумовно відсутній** у фільтрі. Невизначеність присутності елемента виникає через можливість ситуацій, коли деякі біти встановлені різними раніше доданими елементами (як ми бачили в Прикладі 2.3) або через жорсткі колізії, коли всі хеш-функції випадково стикаються.

**Алгоритм 2.2:** Перевірка елемента у фільтрі Bloom

```
Input:  Елемент x ∈ 𝔻
Input:  Фільтр Bloom з k хеш-функціями {h_i}_{i=1}^k
Output: False, якщо елемент відсутній; True, якщо елемент може
        бути присутнім
for i ← 1 to k do
    j ← h_i(x)
    if BloomFilter[j] ≠ 1 then
        return False
return True
```

### Приклад 2.4: Перевірка наявності елементів у фільтрі

Розглянемо фільтр Bloom з Прикладу 2.3 з двома проіндексованими елементами, ***Copenhagen*** і ***Dublin***:

| 0 | 1 | 2 | 3 | 4 | 5 | 6 | 7 | 8 | 9 |
|---|---|---|---|---|---|---|---|---|---|
| 0 | 1 | 0 | 1 | 0 | 0 | 0 | 1 | 0 | 0 |

Щоб перевірити, чи знаходиться елемент ***Copenhagen*** у фільтрі, нам знову потрібно обчислити його хеш-значення $h_1(\boldsymbol{Copenhagen}) = 7$ і $h_2(\boldsymbol{Copenhagen}) = 3$. Після цього ми перевіряємо відповідні біти у фільтрі і бачимо, що обидва вони встановлені в одиницю, тому ми стверджуємо, що ***Copenhagen*** **може бути присутнім**.

Тепер розглянемо елемент ***Rome***, обчислимо його хеш-значення і визначимо відповідні йому індекси в масиві:

$$h_1(\boldsymbol{Rome}) = \text{MurmurHash3}(\boldsymbol{Rome}) \bmod 10 = 5,$$
$$h_2(\boldsymbol{Rome}) = \text{FNV1a}(\boldsymbol{Rome}) \bmod 10 = 6.$$

Таким чином, перевіряючи біти 5 і 6, ми бачимо, що біт 5 не встановлено, тому елемент ***Rome*** **безумовно відсутній** у фільтрі і нам навіть не потрібно перевіряти біт 6.

Однак перевірка може дати і помилкову позитивну відповідь. Розглянемо елемент ***Berlin***, хеш-значення якого такі:

$$h_1(\boldsymbol{Berlin}) = \text{MurmurHash3}(\boldsymbol{Berlin}) \bmod 10 = 1,$$
$$h_2(\boldsymbol{Berlin}) = \text{FNV1a}(\boldsymbol{Berlin}) \bmod 10 = 7.$$

Відповідні біти 1 і 7 встановлені у фільтрі, тому результатом роботи тестової функції є те, що елемент **може бути присутнім** у фільтрі. Водночас ми знаємо, що не додавали цей елемент, і це приклад хеш-колізії: у даному випадку біт 1 було встановлено $h_1(\boldsymbol{Dublin})$, а біт 7 — $h_1(\boldsymbol{Copenhagen})$.

Якщо кожна хеш-функція $\{h_i\}_{i=1}^{k}$ може бути обчислена за сталий час (що є вірним для всіх найпопулярніших хеш-функцій), тоді час додавання або перевірки елемента є фіксованою константою $\mathrm{O}(k)$ і не залежить від довжини фільтра $m$ і кількості елементів у фільтрі.

Продуктивність фільтра Bloom сильно залежить від обраних хеш-функцій. Хеш-функція з хорошою однорідністю зменшить практично спостережувану частоту помилкових спрацьовувань. З іншого боку, чим швидше обчислення кожної хеш-функції, тим менший загальний час кожної операції, тому рекомендується уникати криптографічних хеш-функцій.

## Підрахунок унікальних елементів у фільтрі

Метод оцінювання кількості проіндексованих фільтром елементів був запропонований С. Джошуа Свамідассом і П'єром Бальді і, по суті, є розширенням алгоритму Linear Counting, розглянутого в наступному розділі. Алгоритм оцінює приблизну кількість елементів на основі інформації про кількість встановлених бітів і ймовірності кожного біта бути встановленим. А оскільки додавання двох однакових елементів у фільтр не змінює кількість встановлених бітів, така апроксимація дає оцінку для кількості унікальних елементів.

**Алгоритм 2.3:** Підрахунок елементів у фільтрі Bloom

```
Input: Фільтр Bloom довжини m з k хеш-функціями
Output: Кількість унікальних елементів у фільтрі
N ← count_{j=1...m}(BloomFilter[j] = 1)
if N < k then
    return 0
if N = k then
    return 1
if N = m then
    return m/k
return −(m/k) · ln(1 − N/m)
```

## Властивості

**Помилковопозитивні результати — можливі.** Як уже було сказано, фільтр Bloom не зберігає елементи і покладається на обчислені хеші, які зберігаються всі разом у бітовому масиві. Таке компактне подання може призвести до ситуації, коли деякий елемент не належить до множини (не був доданий у фільтр), але алгоритм повідомляє про його присутність. Така подія називається помилковим спрацьовуванням і може статися через колізії хешів або через безлад у бітах, що зберігаються, — під час операції тестування елемента відсутня інформація про те, чи був цей біт встановлений тією самою хеш-функцією, яка використовується для його перевірки.

**Приклад 2.5:** Захист паролів (Spafford, 1991)

Розглянемо сторінку реєстрації веб-сервісу, де ми хочемо запобігти вибору користувачами слабких і зламаних паролів. Зверніть увагу, що в Dark Web можна знайти сотні мільйонів[2] зламаних паролів, які можуть бути використані в словниковій атаці — атаці грубої сили, що включає повторювані спроби порушити аутентифікацію шляхом перебору всіх значень із заздалегідь підготовленого списку. Щоразу, коли користувач задає новий пароль, необхідно переконатися, що він не перебуває в такому списку. Однак, поряд із загрозою безпеці, пов'язаною зі зберіганням необроблених паролів, ми не хочемо підтримувати величезний набір даних, який буде лінійно зростати з кожним новим доданим паролем, що сповільнить пошук (як у традиційних базах даних).

Використання фільтра Bloom для цієї задачі дасть змогу виконати такі перевірки ефективно і з мінімальними витратами пам'яті. Помилкове спрацьовування в даному випадку — це ситуація, коли ми помилково вважаємо, що введений пароль не підходить. У таких рідкісних випадках необхідно попросити користувача ввести інший пароль, що зазвичай не спричиняє жодних істотних незручностей.

**Принцип фільтра Bloom** [Br04]. Коли є необхідність у роботі зі списком або набором елементів, а місце обмежене — розгляньте можливість застосування фільтра Bloom, якщо вплив помилкових спрацьовувань може бути прийнято.

На щастя, такі помилкові спрацьовування трапляються досить рідко і їхню ймовірність $\mathrm{P_{fp}}$ можна легко оцінити:

$$\mathrm{P_{fp}} \approx (1 - e^{-\frac{kn}{m}})^k. \tag{2.1}$$

Як видно з (2.1), за фіксованої очікуваної кількості елементів $n$, ймовірність помилкових спрацьовувань залежить від вибору $k$ і $m$. Це явний компроміс між довжиною фільтра, кількістю хеш-функцій і ймовірністю таких подій.

У граничному випадку, коли фільтр повний (тобто всі біти в ньому встановлені), кожен пошук буде давати (помилкову) позитивну відповідь. Це означає, що вибір $m$ залежить від кількості елементів $n$, які, ймовірно, будуть проіндексовані фільтром, причому $m$ має бути доволі великим порівняно з $n$.

На практиці довжина фільтра $m$, за заданої ймовірності помилкового спрацьовування $\mathrm{P_{fp}}$ та очікуваної кількості елементів $n$, може бути

[2] 1.4 Billion Clear Text Credentials Discovered `https://medium.com/4iqdelvedeep/3131d0a1ae14`

визначена за формулою:

$$m = -\frac{n \ln \mathrm{P_{fp}}}{(\ln 2)^2}. \tag{2.2}$$

Таким чином, фільтр має зростати лінійно з числом елементів, щоб зберегти фіксовану ймовірність помилкового спрацьовування.

Для заданого співвідношення $\frac{m}{n}$, що описує кількість виділених бітів на елемент, ймовірність помилкових спрацьовувань може бути налаштована шляхом вибору кількості хеш-функцій $k$.

Оптимальний вибір $k$ обчислюється шляхом мінімізації ймовірності помилкових спрацьовувань у (2.1):

$$k = \frac{m}{n} \ln 2. \tag{2.3}$$

Іншими словами, оптимальна кількість хеш-функцій $k$ приблизно в 0.7 разів більша за кількість бітів на елемент. Оскільки $k$ має бути цілим числом, кращими є менші субоптимальні значення.

Деякі широко використовувані навколооптимальні значення параметрів наведено в Таблиці 2.1.

**Табл. 2.1:** Оптимальний вибір параметрів

| $k$ | $\frac{m}{n}$ | $\mathrm{P_{fp}}$ |
|---|---|---|
| 4 | 6 | 0.0561 |
| 6 | 8 | 0.0215 |
| 8 | 12 | 0.00314 |
| 11 | 16 | 0.000458 |

**Приклад 2.6:** Оцінка параметрів

Згідно з (2.2), для отримання ймовірності помилкового спрацьовування $\mathrm{P_{fp}} = 1\%$ фільтр має бути в 10 разів довшим від очікуваного числа елементів $n$ і використовувати 6 хеш-функцій. Водночас довжина фільтра не залежить від розміру самих елементів і залишається однаковою для елементів різної природи.

Фільтри Bloom можна розглядати як узагальнення хеш-таблиць. Фактично фільтр з однією хеш-функцією еквівалентний хеш-таблиці. Однак завдяки використанню декількох хеш-функцій, фільтри Bloom можуть підтримувати сталу ймовірність помилкового спрацьовування навіть за фіксованої кількості бітів на елемент, тоді як хеш-таблиці не можуть.

**Помилковонегативні результати — неможливі.** На відміну від вищеописаної ситуації, якщо перевірка елемента у фільтрі Bloom повідомляє про відсутність такого елемента, то він безумовно не належить множині:

$$P_{\text{fn}} = 0. \tag{2.4}$$

**Хорошо працює, поки поміщається в пам'яті**. Як уже згадувалося вище, ймовірність помилковопозитивних спрацьовувань можна зменшити, виділивши більше пам'яті, тому є спокуса створювати фільтри більшого розміру (з більшим $m$).

Однак такі класичні фільтри Bloom добре працюють, поки вони поміщаються в оперативній пам'яті. Щойно вони стають занадто великими і їх доводиться переносити на диск, вони одразу ж стикаються з проблемою, закладеною в них дизайном, — рівномірно розподілені хеш-функції генерують індекси в різних частинах діапазону, до яких треба щоразу звертатися випадковим чином. Це суттєва проблема для дисків з обертовими пластинами і рухомими головками (для твердотільних пристроїв зберігання ситуація набагато краща, але все одно далека від ідеальної).

**Приклад 2.7:** Потрібна пам'ять

Згідно (2.2), щоб обробити 1 мільярд елементів і зберегти ймовірність помилкових спрацьовувань на рівні близько 2%, використовуючи оптимальну кількість хеш-функцій, необхідно вибрати фільтр довжиною $m = -10^9 \cdot \ln(0.02)/(\ln 2)^2 \approx 8.14 \cdot 10^9$ біт, що становить приблизно 1 ГБ пам'яті.

Два різні фільтри Bloom однакової довжини можуть бути об'єднані тільки в тому випадку, якщо вони також використовують однакові хеш-функції. У цьому випадку об'єднання являє собою операцію логічного додавання (що включає “або”), а результатом є повний еквівалент фільтра Bloom, побудованого для об’єднання цих двох наборів даних. Перетин двох фільтрів також можливий і може бути виконаний логічним множенням (логічне “і”), але результат матиме вищу ймовірність помилкових спрацьовувань.

На жаль, коли у фільтрі Bloom закінчується місце, його розмір неможливо змінити без перерахунку хеш-значень усіх елементів фільтра, що не завжди можливо в застосунках.

**Приклад 2.8:** Спільний доступ до кешу (Fan, 2000)

Розглянемо набір розподілених кешуючих проксі-серверів $P_1, P_2, \ldots, P_n$ у мережі, які спільно використовують свої кеші. Якщо контент запитуваного URL уже зберігається на сервері $P_i$, то він повертає його без фактичного звернення до віддаленого сервера-джерела, інакше — контент повинен бути запитаний, завантажений, збережений локально і відправлений клієнту.

З метою мінімізації мережевого трафіку і розподілу зберігання, можна налаштувати маршрутизацію в мережі проксі та спробувати переспрямувати запит до проксі-сервера, у якого вже зберігається необхідний контент, якщо такий є, інакше — отримати запитуваний контент у джерела.

Оскільки запити від клієнта можуть надходити до будь-якого з проксі-серверів, виникає проблема спільного використання списку маршрутизації на кожному сервері, злиття та обміну ним усередині мережі в разі його зміни.

Фільтр Bloom є природним вибором для зберігання таких списків маршрутизації та виконання швидких запитів на приналежність. Завдяки компактній структурі його також легко передавати в мережі.

Хибне спрацьовування в даному випадку полягає в тому, що деякий сервер $P_i$ припускає, що інший сервер $P_j$ може мати контент для запитуваного URL, але насправді це не так. $P_i$ спрямовує трафік на $P_j$ і просить його повернути контент, тому $P_j$ доводиться звертатися до віддаленого сервера-джерела. У результаті він виробляє деякий додатковий мережевий трафік і зберігає надлишкові локальні копії для такого контенту, що цілком прийнятно.

**Видалення неможливе.** Щоб видалити певний елемент із фільтра Bloom, потрібно скинути відповідні йому $k$ бітів у бітовому масиві. На жаль, кожен біт може відповідати відразу декільком елементам через колізії хешування.

Було розроблено безліч розширень, які підтримують видалення елементів, але вони завжди вимагають витрат простору і швидкості. Саме тому класичний фільтр Bloom настільки швидкий і компактний.

На щастя, відсутність підтримки видалення елементів не є проблемою для багатьох прикладних задач, але якщо вона справді потрібна, можна звернутися до модифікацій фільтра Bloom, наприклад, використати фільтр Counting Bloom.

## 2.2 Фільтр Counting Bloom

Найпопулярнішим розширенням класичного фільтра Bloom, що підтримує операцію видалення, є *фільтр Counting Bloom*[3], запропонований Лі Фаном, Пеєм Цао, Джуссарою Алмейдою та Андрієм Бродером у 2000 році [Fa00]. Ґрунтуючись на класичному алгоритмі фільтра Bloom, він додатково вводить масив із $m$ лічильників $\{C_j\}_{j=1}^{m}$, що відповідають кожному біту в масиві фільтра, і дає змогу приблизно визначати, скільки разів кожний елемент індексувався фільтром, оновлюючи відповідні лічильники під час кожного додавання елемента.

Структура даних CountingBloomFilter складається з бітового масиву і пов'язаного з ним масиву лічильників довжини $m$, спочатку ініціалізованих нулями.

Для додавання елемента в CountingBloomFilter ми спочатку обчислюємо його відповідні бітові позиції, потім для кожної позиції збільшуємо пов'язаний з нею лічильник і, тільки якщо він змінює значення з нуля на одиницю, встановлюємо біт у фільтрі, аналогічно кроку класичного Алгоритму 2.1.

[3]також "фільтр Блума з підрахунком"

**Алгоритм 2.4:** Додавання елемента у фільтр Counting Bloom

```
Input: Елемент x ∈ 𝔻
Input: Фільтр Counting Bloom з m лічильниками {C_j}_{j=1}^m і
       k хеш-функціями {h_i}_{i=1}^k
for i ← 1 to k do
    j ← h_i(x)
    C_j ← C_j + 1
    if C_j = 1 then
        CountingBloomFilter[j] ← 1
```

Операція перевірки приналежності цілком ідентична до класичного Алгоритму 2.2, оскільки немає потреби в перевірці лічильників. Часову складність можна порівняти з класичним алгоритмом, тому що бітові масиви фільтрів однакові.

**Алгоритм 2.5:** Перевірка елемента у фільтрі Counting Bloom

```
Input: Елемент x ∈ 𝔻
Input: Фільтр Counting Bloom з k хеш-функціями {h_i}_{i=1}^k
Output: False, якщо елемент відсутній; True, якщо елемент може
        бути присутнім
for i ← 1 to k do
    j ← h_i(x)
    if CountingBloomFilter[j] ≠ 1 then
        return False
return True
```

Завдяки можливості підраховувати кожну додану копію елемента, фільтр Counting Bloom дозволяє видаляти елементи. Видалення дуже схоже на вставку, але у зворотному порядку.

Для видалення елемента $x$ необхідно обчислити всі $k$ хеш-значень $h_i = \{h_i(x)\}_{i=1}^k$ і зменшити лічильники, які їм відповідають. Якщо лічильник змінює своє значення з одиниці на нуль, відповідний біт у бітовому масиві має бути скинутий. Така процедура передбачає, що елемент $x$ був (або міг бути) індексований фільтром, тому може знадобитися попередня перевірка присутності елемента перед зменшенням відповідних лічильників.

**Алгоритм 2.6:** Видалення елемента з фільтра Counting Bloom

```
Input: Елемент x ∈ 𝔻
Input: Фільтр Counting Bloom з m лічильниками {C_j}_{j=1}^m і
       k хеш-функціями {h_i}_{i=1}^k
for i ← 1 to k do
    j ← h_i(x)
    C_j ← C_j − 1
    if C_j = 0 then
        CountingBloomFilter[j] ← 0
```

## Властивості

Фільтр Counting Bloom успадковує всі властивості класичного фільтра Bloom, включно з оцінкою ймовірності помилкових спрацьовувань і рекомендаціями щодо оптимального вибору $m$ і $k$, що визначаються залежностями (2.2) і (2.3).

Звісно, фільтри Counting Bloom набагато більші, ніж класичні фільтри Bloom, тому що під лічильники доводиться виділяти додаткову пам'ять, навіть якщо більшість із них залишаються нульовими. Тому важливо оцінити, наскільки великими можуть стати такі лічильники і як їхній розмір залежить від довжини фільтра $m$ і кількості хеш-функцій $k$.

Припускаючи, що кожен лічильник C має ємність N, ймовірність перевищення цієї величини, відома як *ймовірність переповнення*, у фільтрі Counting Bloom довжини $m$ з оптимальним вибором $k$ зі співвідношення (2.3) становить

$$\Pr\Big(\max(\mathrm{C}) \geq \mathrm{N}\Big) \leq m \cdot \left(\frac{e \ln 2}{\mathrm{N}}\right)^{\mathrm{N}}. \tag{2.5}$$

Фактично фільтр Counting Bloom підтримує тільки *ймовірнісно коректні видалення*, оскільки існує ненульова ймовірність помилки, щойно будь-який лічильник перевищить свій максимальний розмір.

Наприклад, для 4-бітних лічильників (N = 16) ймовірність переповнення, задана формулою (2.5), стає рівною

$$\Pr\Big(\max(\mathrm{C}) \geq 16\Big) \leq m \cdot 1.37 \cdot 10^{-15}.$$

Інакше кажучи, якщо ми виділяємо 4 біта на лічильник, то ймовірність переповнення для практично важливих значень $m$ (наприклад, кілька мільярдів бітових позицій) під час первісного вставлення у фільтр вкрай мала. Після багатьох видалень і вставок ймовірність може збільшитися, але все ще прийнятна на практиці.

Для запобігання арифметичному переповненню (збільшенню лічильника, що вже має максимально можливе значення), кожен лічильник у масиві має бути достатньо великим для збереження властивостей фільтрів Bloom.

Якщо лічильник із 4 біт коли-небудь перевищить значення в 15, його можна просто "заморозити" і дозволити залишитися на значенні 15. Після багатьох видалень це може призвести до ситуації, коли фільтр Counting Bloom видасть помилковонегативну відповідь (лічильник стане нульовим, коли він не повинен бути таким), але ймовірність такого ланцюжка подій настільки мала, отже набагато вірогідніше, що наша программа буде перезавантажена, а фільтр створено заново.

На практиці лічильник складається з 4 або більше біт, і тому фільтр Counting Bloom вимагає в чотири рази більше місця, порівняно з класичним фільтром Bloom. Можливо розробити і складнішу версію фільтра Counting Bloom з меншими лічильниками (наприклад, 2-бітними), використовуючи підхід закритої адресації в хеш-таблицях і вводячи вторинну хеш-таблицю для управління лічильниками, що переповнюються.

Фільтри Counting Bloom широко використовуються в Apache Hadoop і Apache Spark для застосунків MapReduce, прискорюючи обробку величезних наборів даних на великих кластерах.

## 2.3 Фільтр Quotient

Коли класичний фільтр Bloom і його модифікації не вміщуються в пам'яті, вони абсолютно недружні до пристроїв зберігання даних через вимоги багаторазового випадкового доступу. Однією зі структур даних, що підтримують основні операції фільтрів Bloom, але з кращою локальністю даних[4], які потребують лише невеликої кількості послідовних звернень до диска, є *фільтр Quotient*, запропонований Майклом Бендером з колегами у 2011 році [Be11]. Він досягає співставної продуктивності, але додатково підтримує видалення і може бути динамічно змінений у розмірі.

Фільтр Quotient співставляє кожному елементу з набору даних $\mathbb{D} = \{x_1, x_2, \ldots, x_n\}$ його $p$-бітний "відбиток" і застосовує тільки одну хеш-функцію для генерації таких відбитків. Щоб підтримувати достатню випадковість, така хеш-функція повинна генерувати рівномірно і незалежно розподілені відбитки.

Кожен такий відбиток $f$ в алгоритмі поділяється на $q$ найбільш значущих бітів — *неповна частка* (англ. quotient) і $r$ найменш значущих бітів — *залишок* (англ. remainder) за допомогою прийому хешування діленням, запропонованого Дональдом Кнутом[5]. Таке представлення хеш-значень і дало назву цій структурі даних.

**Алгоритм 2.7:** Хешування діленням

`Input:` Відбиток $f$

`Output:` Неповна частка $f_q$ та залишок $f_r$

$f_q \leftarrow \left\lfloor \frac{f}{2^r} \right\rfloor$

$f_r \leftarrow f \bmod 2^r$

**return** $f_q, f_r$

На практиці для підвищення просторової локальності, структуру даних QuotientFilter представлено компактною хеш-таблицею з відкритою адресацією з $m = 2^q$ відрами, де залишок $f_r$ зберігається у відрі, проіндексованому часткою $f_q$. Можливі колізії вирішуються лінійним зондуванням. Внутрішня хеш-таблиця компактно

[4] фізичне зберігання даних, оптимізоване для їхнього опрацювання

[5] D. Knuth, The Art of Computer Programming, Vol. 3: Sorting and Searching (Sec. 6.4, Exc. 13), 1973

зберігається в масиві для зменшення потрібної пам'яті та досягнення кращої локальності даних, однак це ускладнює навігацію нею.

За наявності залишку $f_r$ у відрі $f_q$, повний відбиток може бути однозначно відновлений як $f = f_q \cdot 2^r + f_r$.

**Рис. 2.1:** Відро у фільтрі Quotient

відро $f_q$

| is_occupied | is_continuation | is_shifted |
|---|---|---|
| $f_r$ | | |

Кожне відро містить три біти метаданих: `is_occupied`, `is_continuation`, і `is_shifted`, які відіграють важливу роль у навігації по структурі даних:

- `is_occupied` встановлюється, коли відро $j$ є канонічним відром ($f_q = j$) для деякого відбитка $f$, що зберігається десь у фільтрі.
- `is_continuation` встановлюється, коли відро зайняте, але не першим із залишків, що належать цьому відру.
- `is_shifted` встановлюється, коли відро не є канонічним для залишку, що знаходиться в ньому.

Коли два різних відбитки $f$ і $f'$ мають однакову частку (тобто $f_q = f'_q$), це м'яка колізія, яку можна розв'язати методом лінійного зондування, розглянутого в попередній главі, реалізується шляхом зберігання всіх залишків з однаковою часткою один за одним у *прогоні*. За необхідності залишок може бути зсунено уперед (вправо) від свого канонічного місця розташування (якшо досягнуто кінець масиву, відлік продовжується з початку масива) і зберігатися у одному з наступних відер.

Згідно з алгоритмом лінійного зондування, довжина більшості прогонів становить $O(1)$, причому, як зазначають автори фільтра, досить ймовірно, що всі прогони мають довжину $O(\log m)$.

Послідовність з одного або декількох прогонів, що йдуть один за одним, без порожніх відер між ними називається *кластером*. Усім кластерам безпосередньо передує порожнє відро, а біт **is_shifted** його першого значення ніколи не встановлюється. Роль кластера полягає в ефективному використанні простору і допомозі у вирішення колізій.

Розглянемо більш детально функцію сканування, описану Алгоритмом 2.8, яка призначена для пошуку прогону. Якщо канонічне відро $f_q$ для елементу $f$ має встановлений біт **is_shifted**, тобто перебуває в середині кластера, необхідно спочатку знайти його початок. Для цього потрібно знайти перше відро з невстановленим бітом **is_shifted**, рухаючись назад (вліво) і перевіряючі відра, що передують канонічному відру в масиві. Як тільки початок кластера знайдено, ми знову рухаємося вперед у пошуку місця розташування першого залишку для відра $f_q$, тобто місця фактичного початку прогону $r_{\text{start}}$. Далі, рухаючись вперед (вправо) та проходячі усі відра одне за одним, шукаємо перше відро з невстановленим бітом **is_continuation**, яке і визначає кінець прогону $r_{\text{end}}$.

**Алгоритм 2.8:** Сканування фільтру для пошуку прогону

```
Input: Канонічне відро з індексом f_q, фільтр Quotient
j ← f_q
while QF[j].is_shifted = 1 do
    j ← j − 1
r_start ← j
while j ≠ f_q do
    /* оминути всі елементи в поточному прогоні та знайти наступне зайняте відро */
    repeat
        r_start ← r_start + 1
    until QF[r_start].is_continuation ≠ 1
    repeat
        j ← j + 1
    until QF[j].is_occupied = 1
r_end ← r_start
repeat
    r_end ← r_end + 1
until QF[r_end].is_continuation ≠ 1
return r_start, r_end
```

Для додавання нового елемента в структуру даних QuotientFilter необхідно спочатку обчислити його відбиток $f(x)$ і застосувати процедуру хешування діленням для отримання індексу канонічного відра $f_q$ і збереженого залишку $f_r$. Далі перевіряємо канонічне відро, і якщо воно не зайняте, тоді залишок $f_r$ зберігаємо в ньому і цим завершуємо процедуру вставки. В іншому випадку перед вставкою необхідно знайти межі прогону за допомогою функції сканування 2.8 та визначити нове відро для вставки. Після того, як відповідне відро для збереження залишку $f_r$ знайдено, фактична вставка все ще вимагає відповідного об'єднання $f_r$ з послідовністю вже збережених залишків, що може призвести до зсуву вправо наступних значень з оновленням відповідних бітів метаданих, як описано в Алгоритмі 2.9.

**Алгоритм 2.9:** Правий зсув для очищення відра

```
Input: Індекс відра k
Input: Фільтр Quotient довжини m
prev ← QuotientFilter[k], i ← k + 1
while True do
    if QF[i] = NULL then
        QF[i] ← prev
        QF[i].is_continuation ← 1
        QF[i].is_shifted ← 1
        return QF
    else
        curr ← QF[i]
        QF[i] ← prev
        QF[i].is_continuation ← prev.is_continuation
        QF[i].is_shifted ← prev.is_shifted
        prev ← curr
        prev.is_continuation ← curr.is_continuation
        prev.is_shifted ← curr.is_shifted
    i ← i + 1
    if i > m then
        i ← 0
```

За допомогою згаданої стратегії вибору належного відра і процедури зсуву вправо можна сформулювати повний Алгоритм 2.10 для вставки нового елемента у фільтр.

**Алгоритм 2.10:** Додавання елемента у фільтр Quotient

```
Input: Елемент x ∈ D
Input: Фільтр Quotient з хеш-функцією h
f_q, f_r ← f ← h(x)
if QF[f_q].is_occupied ≠ 1 and QF[f_q] = ∅ then
    QF[f_q] ← f_r
    QF[f_q].is_occupied ← 1
    return True
QF[f_q].is_occupied ← 1
r_start, r_end ← Scan(QF, f_q)
for i ← r_start to r_end do
    if QF[i] = f_r then
        /* f_r вже існує */
        return True
    else if QF[i] > f_r then
        /* вставляємо f_r у відро i і зсуваємо решту */
        QF ← ShiftRight(QF, i)
        QF[i] ← f_r
        return True
/* прогін має бути розширений за рахунок нового елементу */
QF ← ShiftRight(QF, r_end + 1)
QF[r_end + 1] ← f_r
return True
```

**Приклад 2.9:** Додавання елементів у фільтр

Розглянемо фільтр Quotient з 32-бітовими відбитками, отриманими 32-бітною версією хеш-функції MurmurHash3:

$$h(x) := \text{MurmurHash3}(x).$$

Для розподілу по відрах ми резервуємо $q = 3$ старших біт, отже, розмір QuotientFilter становить $m = 2^3 = 8$, а решту $p = 29$ біт ми зберігаємо у відповідних відрах.

Як і в Прикладі 2.3, ми починаємо індексувати назви столиць, і першим елементом, доданим у фільтр, є ***Copenhagen***. Нам потрібно обчислити його відбиток за допомогою хеш-функції h:

$$f = h(\boldsymbol{Copenhagen}) = 4248224207.$$

Згідно з Алгоритмом 2.7, неповна частка і залишок дорівнюють

$$f_q = \left\lfloor \frac{f}{2^{29}} \right\rfloor = 7,$$

$$f_r = f \bmod 2^{29} = 490127823.$$

Канонічним відром для елемента ***Copenhagen*** є $j = f_q = 7$, де ми й будемо індексувати його залишок $f_r$. Вставка в цьому випадку проста, оскільки всі відра вільні, тому ми вставляємо $f_r = 490127823$ у відро з індексом 7 і встановлюємо біт `is_occupied`:

| 0 | 1 | 2 | 3 | 4 | 5 | 6 | 7 |
|---|---|---|---|---|---|---|---|
| 0 0 0 | 0 0 0 | 0 0 0 | 0 0 0 | 0 0 0 | 0 0 0 | 0 0 0 | **1** 0 0 |
| | | | | | | | 490127823 |

У такий самий спосіб ми індексуємо елементи ***Lisbon***, що має відбиток $f = 629555247$ і канонічне відро 1, і ***Paris*** з відбитком $f = 2673248856$ і канонічним відром 4. Оскільки їхні відра вільні, зберігаємо залишки і встановлюємо біти `is_occupied`:

| 0 | 1 | 2 | 3 | 4 | 5 | 6 | 7 |
|---|---|---|---|---|---|---|---|
| 0 0 0 | **1** 0 0 | 0 0 0 | 0 0 0 | **1** 0 0 | 0 0 0 | 0 0 0 | 1 0 0 |
| | 92684335 | | | 525765208 | | | 490127823 |

Далі додаємо елемент ***Stockholm*** з відбитком $f = 775943400$, визначаючи його канонічне відро $j = f_q = 1$ і залишок $f_r = 239072488$. Однак зазначене канонічне відро 1 уже має встановлений біт `is_occupied`, що означає, що воно вже зайняте залишком якогось іншого елемента (у цьому випадку елемента ***Lisbon***).

Оскільки біти `is_shifted` і `is_continuation` не встановлені, ми перебуваємо на початку кластера, який також є початком прогону. Залишок $f_r$ більший, ніж вже проіндексоване значення 92684335, тому його треба зберегти в наступному доступному відрі, у цьому випадку — у відрі з індексом 2, та його біти `is_shifted` і `is_continuation` мають бути встановлені. Однак біт `is_occupied` для відра 2 не змінюється, оскільки не існує збереженого залишку, у якого це відро канонічне.

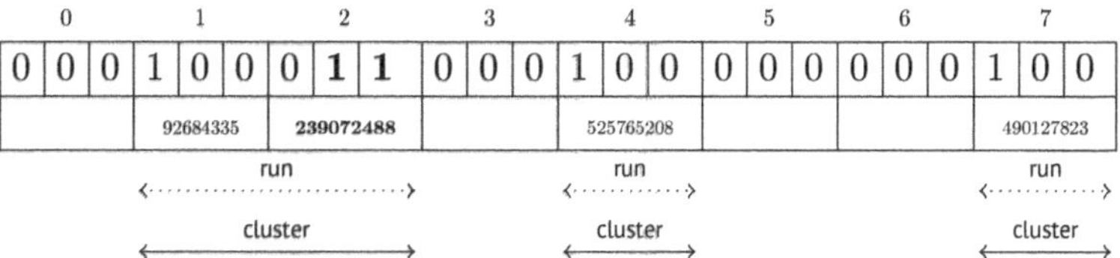


Наступний елемент — ***Zagreb***, чий відбиток $f = 1474643542$, канонічне відро $j = 2$ і залишок $f_r = 400901718$. На жаль, відро 2 уже використовується певним зсунутим значенням, про що свідчить встановлений біт `is_shifted`. Однак біт `is_occupied` не встановлений, отже, значення $f_r$ також повинно бути зсунуте праворуч, у наступне доступне відро, яким у цьому випадку є відро 3.

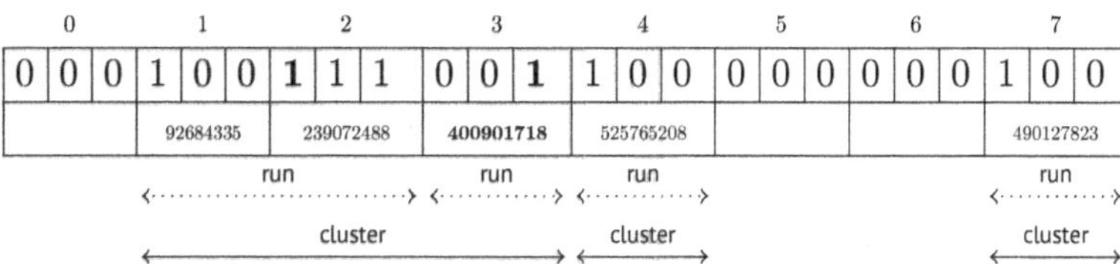


Ми встановлюємо біт `is_shifted`, щоб вказати, що відро містить значення, зсунуте відносно його канонічної позиції, але зберігаємо біт `is_continuation` невстановленим, тому що це перший елемент, пов'язаний із цим канонічним відром. Крім того, ми встановлюємо біт `is_occupied` для відра 2, щоб запам'ятати, що існує принаймні один збережений залишок, який має його у якості канонічного відра.

Нарешті, додамо елемент ***Warsaw*** з відбитком $f = 567538184$, чиї неповна частка і залишок дорівнюють

$$f_q = \left\lfloor \frac{f}{2^{29}} \right\rfloor = 1,$$
$$f_r = f \bmod 2^{29} = 30667272.$$

Канонічне відро $j = f_q = 1$ уже зайняте, про що свідчить встановлений біт `is_occupied`. Однак інші біти не встановлені, отже ми перебуваємо на початку кластера, який також є початком прогону. Залишок $f_r$ менший за раніше проіндексоване значення 92684335, тому його слід індексувати до канонічного відра, а всі інші залишки треба зсунути і позначити як продовження. У цьому випадку зсув також впливає на залишки з інших прогонів, змушуючи нас зсунути також і їх, встановити відповідні біти зсуву і перевстановити біти продовження, якщо вони були встановлені для поточних їхніх позицій.

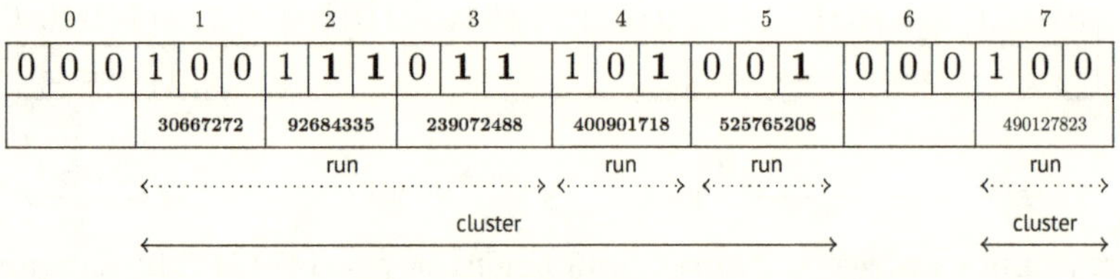


Перевірка елементів виконується аналогічно процедурі вставки.

---

**Алгоритм 2.11:** Перевірка елемента у фільтрі Quotient

---

```
Input : Елемент x ∈ 𝔻
Input : Фільтр Quotient з хеш-функцією h
Output: False, якщо елемент відсутній; True, якщо елемент може
        бути присутнім
f_q, f_r ← f ← h(x)
if QF[f_q].is_occupied ≠ 1 then
    return False
else
    r_start, r_end ← Scan(QF, f_q)
    /* пошук f_r всередині прогону                                */
    for i ← r_start to r_end do
        if QF[i] = f_r then
            return True
    return False
```

---

Ми перевіряємо, чи має канонічне відро для тестованого елемента хоча б один пов'язаний залишок десь у фільтрі, спостерігаючи за бітом `is_occupied`. Якщо біт не встановлений, елемент **гарантовано відсутній** у фільтрі. У протилежному випадку ми проходимо фільтр за допомогою процедури сканування, описаної в Алгоритмі 2.8, щоб знайти відповідний прогін для відра. Далі, в межах цього прогону, ми порівнюємо збережені залишки із залишком перевіряємого елемента, беручи до уваги, що всі вони впорядковані. Якщо такий залишок знайдено, тоді елемент **може бути присутнім** у фільтрі.

**Приклад 2.10:** Перевірка елемента у фільтрі

Розглянемо структуру даних QuotientFilter, яку ми раніше побудували в Прикладі 2.9:

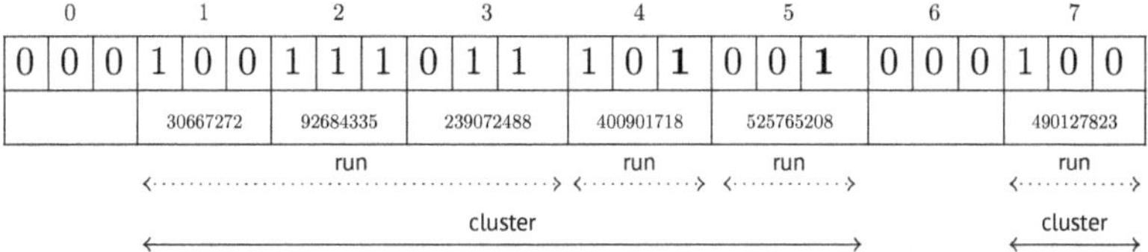


Перевіримо елемент ***Paris***, чиї неповна частка $f_q = 4$ і залишок $f_r = 525765208$, як ми обчислили раніше. Відро 4 вже зайнято, тобто десь у фільтрі є принаймні один залишок, для якого воно канонічне. У даний момент ми не можемо порівняти значення із відра зі значенням $f_r$, тому що встановлений біт `is_shifted`, і необхідно знайти прогін, що відповідає канонічному відру 4 у поточному кластері.

Таким чином, ми скануємо вліво, починаючи з відра 4, і рахуємо відра зі встановленими бітами `is_occupied`, поки не досягнемо початку кластера. У нашому прикладі кластер починається з відра 1, і є два зайнятих відра (відра 1 і 2), розташованих ліворуч від відра 4. Тому наш прогін є третім у кластері і необхідно сканувати від початку кластера (відро 1) до досягнення цього прогону, підраховуючи відра без встановлених бітів `is_continuation`. Нарешті ми знаходимо, що прогін починається у відрі 5, і починаємо порівнювати збережені залишки, беручи до уваги, що вони відсортовані в порядку зростання.

Значення у відрі 5 збігається із залишком $f_r = 525765208$ і можна зробити висновок, що елемент ***Paris*** може бути присутнім у фільтрі.

Аналогічно відбувається й операція видалення. Проте всі залишки відбитків з однаковою неповною часткою зберігаються один за одним відповідно до їхнього числового значення, тому видалення одного залишку з кластера повинно зсунути всі значення вліво для заповнення "порожнього" місця, змінюючи біти метаданих відповідно до наведеного нижче Алгоритму 2.12.

**Алгоритм 2.12:** Лівий зсув для заповнення порожнього відра

```
Input: Індекс відра k, фільтр Quotient довжини m
i ← k + 1
while QF[i] ≠ NULL do
    QF[i − 1] ← QF[i]
    QF[i − 1].is_continuation ← QF[i].is_continuation
    QF[i − 1].is_shifted ← QF[i].is_shifted
    QF[i] ← NULL
    QF[i].is_continuation ← 0
    QF[i].is_shifted ← 0
    i ← i + 1
    if i > m then
        i ← 0
```

**Алгоритм 2.13:** Видалення елемента з фільтра Quotient

```
Input: Елемент x ∈ 𝔻
Input: Фільтр Quotient з хеш-функцією h
Output: False, якщо елемент не знайдений, і True – в іншому
        випадку
f_q, f_r ← f ← h(x)
if QF[f_q].is_occupied ≠ 1 then
    return True
r_start, r_end ← Scan(QF, f_q)
for i ← r_start to r_end do
    if QF[i] = f_r then
        /* елемент знайдений і може бути видалений */
        QF[i] ← NULL
        if r_start = r_end then
            QF[i].is_occupied ← 0
        else if i < r_end then
            QF ← ShiftLeft(QF, i + 1)
        return True
return False
```

Спочатку необхідно перевірити, чи не порожнє канонічне відро, інакше елемент точно відсутній у фільтрі, і на цьому можна зупинитися. Далі за допомогою процедури сканування шукаємо потрібне відро, звідки видаляємо шуканий залишок (якщо він існує), не забуваючи зсунути наступні значення й оновити відповідні біти метаданих. Якщо видалений залишок був останнім для свого канонічного відра, тоді необхідно також скинути біт `is_occupied`.

## Властивості

**Помилковопозитивні результати — можливі.** Структура даних фільтра Quotient є компактним відображенням мультимножини відбитків, а його коефіцієнт помилкових спрацьовувань залежить від хеш-функції $h$ і кількості елементів $n$, розміщених у фільтрі.

Крім того, два різні відбитки $f$ і $f'$ можуть мати однакові значення частки і залишку (тобто $f_q = f'_q$ і $f_r = f'_r$), що називається *жорсткою колізією*. Через такі вкрай рідкісні події можливе виникнення помилковопозитивних відповідей, ймовірність яких $\mathrm{P_{fp}}$ обмежена зверху таким чином:

$$\mathrm{P_{fp}} \approx 1 - e^{-\frac{n}{2^p}} \leq \frac{n}{2^p}. \tag{2.6}$$

Формула (2.6) показує, що для заданої кількості елементів $n$ існує компроміс між ймовірністю помилкових спрацьовувань $\mathrm{P_{fp}}$ і довжиною відбитка $p$.

Практичні реалізації фільтрів Quotient використовують 32- і 64-бітні відбитки.

Як і в інших хеш-таблицях, коефіцієнт заповнення дуже важливий для фільтра Quotient, і необхідно виділяти принаймні стільки відер, скільки елементів ми очікуємо, тобто обираємо кількість відер $m$ як

$$m := 2^q > n, \tag{2.7}$$

а довжина залишку $r$ може бути обчислена з (2.6) як

$$r = \left\lceil \log\left(-\frac{n}{2^q} \cdot \frac{1}{\ln(1-\mathrm{P_{fp}})}\right)\right\rceil. \tag{2.8}$$

**Помилковонегативні результати — неможливі.** Як і у випадку з іншими подібними структурами даних, якщо фільтр Quotient виявляє, що елемент відсутній, то він безперечно не належить множині:

$$\mathrm{P_{fn}} = 0. \tag{2.9}$$

Фільтр Quotient приблизно на 20% більший, ніж фільтр Bloom, але швидший завдяки оцінці тільки однієї хеш-функції та збереженню даних у суміжних блоках. Час на перевірку, додавання або видалення елементів у фільтрі Quotient, домінує над часом сканування назад і вперед.

Порівняння продуктивності у віртуальній пам'яті з [Be12] показує, що фільтри Quotient можуть обробляти 2.4 мільйони вставок в секунду, в той час як фільтри Bloom обмежені приблизно 0.69 мільйонами. Однак для операцій перевірок елементів вони знаходяться майже на одному рівні — близько 2 мільйонів на секунду.

**Приклад 2.11:** Потрібна пам'ять

Як зазначено в (2.7), щоб обробити 1 мільярд елементів, фільтр Quotient повинен містити принаймні $2^{30}$ відер, отже, ми не можемо використовувати відбитки коротші за 31 біт.

Для ймовірності помилкових спрацьовувань на рівні близько 2%, необхідну довжину залишку $r$ можна знайти з формули (2.8) як

$$r = \left\lceil \log\left(-\frac{10^9}{2^30} \cdot \frac{1}{\ln(1-0.02)}\right)\right\rceil = 6.$$

Таким чином, необхідна довжина відбитків становить $p = q + r = 36$ біт, де перші 30 біт використовуються для розбивки на відра, а решта 6 біт зберігаються у відповідному відрі. Оскільки кожне відро додатково містить три біти метаданих, загальний розмір фільтра Quotient становить $9 \cdot 2^{30}$ біт або 1.2 ГБ пам'яті.

Фільтр Quotient може відновлювати відбитки зі збережених даних, тому підтримує видалення, об'єднання і зміну розміру. Злиття не впливає на частоту помилкових спрацьовувань фільтра, а видалення у фільтрі Quotient завжди коректне, на відміну від фільтра Counting Bloom, який підтримує тільки ймовірнісно коректні видалення.

Зміна розміру фільтра Quotient (стиснення або розширення) може бути виконана шляхом ітерації фільтра і копіювання кожного відбитка в нову наявну структуру даних без необхідності повторного хешування. Два або більше фільтрів Quotient можуть бути об'єднані за допомогою алгоритму, аналогічного сортуванню злиттям — методу сортування сімейства алгоритмів "розділяй і володарюй" Джона фон Неймана. Таким чином, усі вхідні фільтри можуть скануватися паралельно, а об'єднаний результат записується у вихідний фільтр.

Зазначимо, що фільтр Quotient розроблено з орієнтацією на великі дані (наприклад, 1 мільярд елементів для 64-бітної хеш-функції), і для малих або середніх наборів даних його складність може перевершити очікувані переваги.

## 2.4 Фільтр Cuckoo

Більшість модифікацій класичного фільтра Bloom, що підтримують видалення, програють або в просторі, або в продуктивності. Для розв'язання цієї проблеми Бін Фан, Девід Андерсон, Майкл Камінські та Майкл Мітценмахер у 2014 році [Fa14] запропонували *фільтр Cuckoo*, який є компактним варіантом хеш-таблиці Cuckoo, проте пристосованої для зберігання лише відбитків деякої довжини $p$ для кожного доданого елемента, замість традиційних пар ключ-значення.

Фільтри Cuckoo простіші в реалізації, підтримують динамічні видалення, займають менше місця і навіть досягають вищої продуктивності, ніж інші модифікації фільтрів Bloom.

Структура даних CuckooFilter має вигляд багатосторонньої асоціативної хеш-таблиці Cuckoo з $m$ відрами, кожне з яких може зберігати до $b$ значень. Згідно схеми стандартного хешування Cuckoo, для додавання нового елемента необхідно знати оригінальні значення збережених елементів, аби визначити, куди їх можна переміщати, якщо необхідно звільнити місце для нових. Однак фільтр Cuckoo зберігає тільки відбитки і не має можливості відновити первинні елементи і наново хешувати їх для пошуку альтернативного відра.

З метою подолання цього обмеження для використання хешування Cuckoo, алгоритм фільтра Cuckoo застосовує схему хешування *Partial–Key Cuckoo*, що дає змогу визначити нове відро для будь-якого збереженого елемента за його відбитком, не знаючи його оригінального значення.

Згідно з цією схемою, для кожного елемента $x$ алгоритм обчислює його $p$-бітний відбиток $f$ та індекси двох відер-кандидатів:

$$\begin{aligned} i &= h(x) \bmod m, \\ j &= (i \oplus (h(f) \bmod m)) \bmod m. \end{aligned} \tag{2.10}$$

Операція логічного віднімання (виключне "або") $\oplus$ у формулі (2.10) забезпечує можливість обчислення альтернативного відра $k^*$ за індексом поточного відра $k$ без відновлення первинного значення:

$$k^* = (k \oplus h(f)) \bmod m. \tag{2.11}$$

Щоб рівномірно розподілити елементи по хеш-таблиці, відбиток $f$ додатково хешується хеш-функцією $h$ перед застосуванням логічного віднімання у формулі (2.10).

Коли довжина відбитків $p$ мала порівняно з довжиною фільтра $m$, операція логічного віднімання змінює тільки невелику кількість молодших бітів, але більшість бітів вищого порядку залишаються незмінними. Отже, елементи, переміщені зі своїх основних відер, знаходитимуться поруч у своїх альтернативних відрах, і розподіл у хеш-таблиці буде нерівномірним, що позначиться на ефективності фільтра. Хешування відбитків гарантує переміщення таких елементів у відра в різних частинах таблиці, що зменшує колізії хеша та ефективніше використовує таблицю.

**Алгоритм 2.14:** Додавання елемента у фільтр Cuckoo

```
Input: Елемент x ∈ 𝔻
Input: Фільтр Cuckoo з хеш-функцією h
Output: True, якщо елемент було додано, і False – в іншому випадку
f ← fingerprint(x)
i ← h(x)
j ← i ⊕ h(f)
if CuckooFilter[i] = ∅ then
    CuckooFilter[i].add(f)
    return True
else if CuckooFilter[j] = ∅ then
    CuckooFilter[j].add(f)
    return True
k ← sample({i, j})
for n ← 0 to MaxIter do
    t ← sample(CuckooFilter[k])
    swap : міняємо місцями f та відбиток, збережений у t
    k = k ⊕ h(f)
    if CuckooFilter[k] = ∅ then
        CuckooFilter[k].add(f)
        return True
return False
```

Щоб додати новий елемент $x$ у фільтр Cuckoo, необхідно обчислити індекси двох відер-кандидатів за формулою (2.10). Якщо хоча б одне з цих відер порожнє, додаємо відбиток у це відро. У протилежному випадку випадковим чином обираємо одне з них, зберігаємо там відбиток $f$, одночасно переміщуючи значення з цього відра в альтернативне відро-кандидат за допомогою (2.11). Ми повторюємо цю процедуру доти, доки не буде знайдено порожнє відро або не буде досягнуто максимальної кількості переміщень (у такому разі фільтр вважається повним).

**Приклад 2.12:** Додавання елементів у фільтр

Розглянемо структуру даних CuckooFilter довжиною $m = 8$, яка, для простоти, зберігає тільки один відбиток розміром $p = 16$ біт для кожного відра. Ми використовуємо одну 32-бітну хеш-функцію MurmurHash3 для обчислення відбитків та індексів відер.

Як і в інших прикладах, індексуємо назви столиць, починаючи з елемента ***Copenhagen***, чий $p$-бітний відбиток має вигляд:

$$f = \text{MurmurHash3}(\boldsymbol{Copenhagen}) \bmod 2^p = 49615.$$

Тоді його основним відром $i$ згідно з формулою (2.10) є

$$i = \text{MurmurHash3}(\boldsymbol{Copenhagen}) \bmod m = 7,$$

а альтернативне відро $j$ може бути отримано з $i$ та відбитка $f$ у такий спосіб:

$$j = (i \oplus \text{MurmurHash3}(f)) \bmod m = (1 \oplus 34475545) \bmod 10 = 0.$$

Таким чином, можна зберегти відбиток $f$ у відрі 7 або 0 і, оскільки фільтр порожній, ми використовуємо основне відро:

| 0 | 1 | 2 | 3 | 4 | 5 | 6 | 7 | 8 | 9 |
|---|---|---|---|---|---|---|---|---|---|
| | | | | | | | **49615** | | |

Аналогічно ми індексуємо елемент ***Athens*** з відбитком $f = 27356$ і відрами-кандидатами 0 та 7. Основне відро 0 не зайняте і дозволяє спокійно зберегти відбиток:

| 0 | 1 | 2 | 3 | 4 | 5 | 6 | 7 | 8 | 9 |
|---|---|---|---|---|---|---|---|---|---|
| **27356** | | | | | | | 49615 | | |

Розглянемо елемент ***Lisbon***, відбиток якого $f = 16431$, а відра-кандидати – 7 та 9. Ми починаємо з основного відра 7, але воно вже зайняте в CuckooFilter і його максимальна ємність дорівнює одиниці, тому ми перевіряємо альтернативне відро 9, яке порожнє, і зберігаємо відбиток там:

| 0 | 1 | 2 | 3 | 4 | 5 | 6 | 7 | 8 | 9 |
|---|---|---|---|---|---|---|---|---|---|
| 27356 | | | | | | | 49615 | | **16431** |

Далі розглянемо елемент ***Helsinki***. Він має відбиток $f = 15377$ і обидва індекси відер дорівнюють 7. Зауважимо, що такий збіг індексів більш ймовірний для маленьких фільтрів, як у нашому прикладі, ніж для тих, що використовуються на практиці. Відро 7 зайняте і не може вмістити більше одного елемента, тому нам необхідно почати процедуру переміщення у фільтрі. Ми починаємо з відра $k$ і замінюємо значення 49615 з відра 7 на значення $f$, потім переміщуємо його в нове відро $k$, яке визначається за формулою (2.11):

$$k = (7 \oplus \text{MurmurHash3}(49615)) \bmod 10 = 0.$$

| 0 | 1 | 2 | 3 | 4 | 5 | 6 | 7 | 8 | 9 |
|---|---|---|---|---|---|---|---|---|---|
| 27356 | | | | | | | **15377** | | 16431 |

49615

На жаль, відро 0 вже містить значення 27356, тому замінюємо його на 49615, а для нього обчислюємо новий індекс відра:

$$k = (0 \oplus \text{MurmurHash3}(27356)) \bmod 10 = 7.$$

| 0 | 1 | 2 | 3 | 4 | 5 | 6 | 7 | 8 | 9 |
|---|---|---|---|---|---|---|---|---|---|
| **49615** | | | | | | | 15377 | | 16431 |

27356

Ми повернулися до відра 7, яке не порожнє, тому необхідно повторити процедуру переміщення ще раз. Спочатку ми зберігаємо значення 27356 у відро, а потім обчислюємо нове відро для значення 15377:

$$k = (7 \oplus \text{MurmurHash3}(15377)) \bmod 10 = 7.$$

| 0 | 1 | 2 | 3 | 4 | 5 | 6 | 7 | 8 | 9 |
|---|---|---|---|---|---|---|---|---|---|
| 49615 | | | | | | | **27356** | | 16431 |

15377

Через колізію індексів, про яку ми згадували раніше для цього відбитка, ми знову повертаємося до відра 7 і зберігаємо в ньому значення 15377, а значення 27356 переміщуємо в нове відро $k$:

$$k = (7 \oplus \text{MurmurHash3}(27356)) \bmod 10 = 2.$$

| 0 | 1 | 2 | 3 | 4 | 5 | 6 | 7 | 8 | 9 |
|---|---|---|---|---|---|---|---|---|---|
| 49615 | | | | | | | **15377** | | 16431 |

27356

Зрештою, відро 2 порожнє, тому можна зберегти значення 27356 і завершити процедуру вставки.

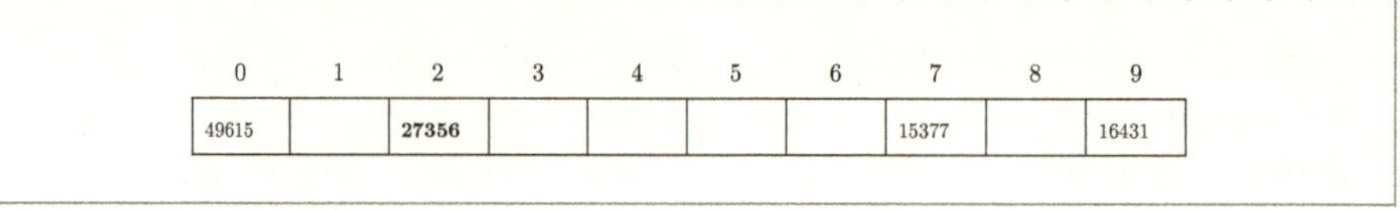

| 0 | 1 | 2 | 3 | 4 | 5 | 6 | 7 | 8 | 9 |
|---|---|---|---|---|---|---|---|---|---|
| 49615 | | **27356** | | | | | 15377 | | 16431 |

Перевірка існування елемента у фільтрі досить проста. Спочатку для елемента, що перевіряється, ми обчислюємо відбиток і відра-кандидати. Якщо відбиток знайдено в будь-якому з цих відер, ми робимо висновок, що елемент **може бути присутнім**. В протилежному випадку він **безумовно відсутній** у фільтрі.

**Алгоритм 2.15:** Перевірка елемента у фільтрі Cuckoo

`Input:` Елемент $x \in \mathbb{D}$

`Input:` Фільтр Cuckoo з хеш-функцією $h$

`Output:` False, якщо елемент відсутній; True, якщо елемент може бути присутнім

$f \leftarrow \texttt{fingerprint}(x)$

$i \leftarrow h(x)$

$j \leftarrow i \oplus h(f)$

**if** $f \in$ CuckooFilter$[i]$ **or** $f \in$ CuckooFilter$[j]$ **then**

  **return** True

**return** False

**Приклад 2.13:** Перевірка елементів у фільтрі

Розглянемо структуру даних CuckooFilter, яку ми побудували в Прикладі 2.12:

| 0 | 1 | 2 | 3 | 4 | 5 | 6 | 7 | 8 | 9 |
|---|---|---|---|---|---|---|---|---|---|
| 49615 | | 27356 | | | | | 15377 | | 16431 |

Перевіримо елемент ***Lisbon***, для якого відра-кандидати 7 і 9, а відбиток $f = 16431$, як ми вирахували раніше. Ми знаходимо значення 16431 у відрі 9 і робимо висновок, що елемент ***Lisbon*** може існувати у фільтрі.

Для порівняння, розглянемо елемент ***Oslo***, який має відбиток $f = 53104$ і відра-кандидати 0 і 6. Як ми бачимо, у цих відрах немає такого значення, тому елемент безумовно відсутній у фільтрі.

Щоб видалити елемент, ми будуємо його відбиток, потім обчислюємо індекси відер-кандидатів згідно з (2.10) і шукаємо відбиток там. Якщо він збігається з будь-якими наявними значеннями в будь-якому з цих відер, одна копія відбитка видаляється з цього відра.

**Алгоритм 2.16:** Видалення елемента з фільтра Cuckoo

```
Input: Елемент x ∈ 𝔻
Input: Фільтр Cuckoo з хеш-функцією h
Output: True, якщо елемент був видалений, і False – в іншому
        випадку
f ← fingerprint(x)
i ← h(x)
j ← i ⊕ h(f)
if f ∈ CuckooFilter[i] then
    CuckooFilter[i].drop(f)
    return True
else if f ∈ CuckooFilter[j] then
    CuckooFilter[j].drop(f)
    return True
return False
```

## Властивості

Для підтримки операції видалення у фільтрі Cuckoo необхідно зберігати кілька копій одного й того самого значення або організувати лічильники для кожного збереженого значення. Однак обидва підходи призводять лише до ймовірнісно коректного видалення, перший — через обмежену місткість відра (ми не можемо зберігати в таблиці більш ніж $2b$ однакових значень), а другий — через переповнення лічильників, як ми вже пояснювали в розділі про фільтр Counting Bloom. Фільтр Cuckoo без можливості видалення не має цієї проблеми і займає набагато менше місця, оскільки йому не потрібно запам'ятовувати багаторазово додані однакові значення.

**Помилковопозитивні результати — можливі.** Не виключено, що різні елементи можуть мати однакові відбитки, але у більшості випадків у них різні відра-кандидати, тому їх все одно можна розрізнити. Однак, якщо у цих елементів однакові набори кандидатів, відбувається жорстка колізія. Через такі вкрай рідкісні події фільтр може дати помилковопозитивні відповіді, ймовірність яких $P_{fp}$ становить

$$P_{fp} = 1 - \left(1 - \frac{1}{2^p}\right)^{2b} \approx \frac{2b}{2^p}. \tag{2.12}$$

Формула (2.12) показує, що за фіксованої кількості очікуваних елементів $n$ існує компроміс між ймовірністю помилкових спрацьовувань $P_{fp}$ і розміром відра $b$, який може бути скомпенсований довжиною відбитків $p$. Інтуїтивно зрозуміло, що якщо відбитки досить довгі, то хешування Partial–Key Cuckoo є гарним наближенням до стандартного хешування Cuckoo, але слід пам'ятати, що довші відбитки збільшують простір, який вони займають.

Загалом рекомендована довжина відбитка $p$ може бути оцінена як

$$p \geq \left\lceil \log \frac{2b}{P_{fp}} \right\rceil, \tag{2.13}$$

і якщо ми хочемо зберігати в $m$ відрах розміру $b$ принаймні стільки значень, скільки вхідних елементів, то довжина фільтра обмежена знизу значенням

$$m \geq \left\lceil \frac{n}{b} \right\rceil. \tag{2.14}$$

**Помилковонегативні результати — неможливі.** За аналогією з фільтрами інших типів, якщо фільтр Cuckoo виявляє, що елемент відсутній, то він безумовно не є елементом множини:

$$P_{fn} = 0. \tag{2.15}$$

Фільтри Cuckoo забезпечують високу заповнюваність простору, оскільки вони уточнюють раніше прийняті рішення про розміщення елементів під час додавання нових елементів. Однак у них є певна максимальна ємність, яка виражається як *коефіцієнт заповнення* $\alpha$. Після досягнення максимально можливого заповнення, вставки стають нетривіальними і дедалі більш схильними до збоїв, і тому хеш-таблицю потрібно розширити для зберігання більшої кількості елементів.

Оскільки схема хешування Cuckoo використовує дві хеш-функції, коефіцієнт заповнення під час використання відер розміром $b = 1$ становить 50%, тому що хеш-таблицю зіставлено напряму. Однак збільшення розміру відра дає змогу поліпшити заповнюваність таблиці, наприклад, для $b = 2$ і $b = 4$ коефіцієнти заповнення становлять 84% і 95% відповідно.

Експериментальне дослідження [Fa14] показало, що для практично важливих випадків достатньо відер розміром $b \in \{1, 2, 3, 4\}$.

Середню кількість біт на елемент $\beta$ визначають як відношення між довжиною відбитків і коефіцієнтом заповнення $\alpha$, яке за фіксованої ймовірності помилкового спрацьовування $P_{fp}$ може бути оцінене зверху

$$\beta \leq \frac{1}{\alpha} \cdot \left\lceil \log \frac{2b}{P_{fp}} \right\rceil. \tag{2.16}$$

**Приклад 2.14:** Потрібна пам'ять

Скажімо, ми хочемо обробити 1 мільярд елементів за допомогою фільтра Cuckoo, зберігаючи ймовірність помилкових спрацьовувань на рівні близько 2% і заповненість таблиці на рівні 84%. Для підтримки такого рівня заповнення ми вибираємо розмір відер $b = 2$, що відповідає довжині фільтра $m = 2^{29}$, згідно (2.14).

Як зазначено в (2.13), мінімальна довжина відбитка має становити

$$p = \left\lceil \log \frac{4}{0.02} \right\rceil = 8.$$

Таким чином, для нашого прикладу необхідна довжина становить 8 біт, а загальний розмір фільтра Cuckoo дорівнює $2 \cdot 8 \cdot 2^{29}$ біт, що приблизно відповідає 1.07 ГБ пам'яті.

Щоб порівняти вимоги до простору з іншими вивченими нами фільтрами, можна використовувати $b = 1$, за якого досягається 50% заповненість таблиць і потрібен фільтр довжини $m = 2^{30}$. Згідно (2.13), для цього нам знадобляться 9-бітні відбитки і близько 0.94 ГБ пам'яті.

Фактично фільтри Cuckoo використовують такий самий підхід, як і фільтр *d-left Counting Bloom* [Bo06], але вони досягають кращої ефективності використання пам'яті та набагато простіші в реалізації. Для застосунків, які зберігають багато елементів і націлені на помірно низькі показники помилкових спрацьовувань (менше 3%), фільтри Cuckoo займають менше місця, ніж навіть просторово-оптимізовані фільтри Bloom.

Однак, коли фільтр Cuckoo досягає максимальної ємності, базова хеш-таблиця має бути розширена, а до того часу додавання нових елементів неможливе. Водночас у фільтри Bloom можна продовжувати вставляти нові елементи ціною збільшення числа помилкових позитивних спрацьовувань.

# Підсумок

Цей розділ присвячено проблемам перевірки приналежності елементів до множини, і ми дізналися, як традиційні хеш-таблиці можна замінити або розширити, для практичного використання в роботі з великими даними. Ми вивчили найвідомішу ймовірнісну структуру даних під назвою фільтр Bloom, обговорили її сильні та слабкі сторони, а згодом розглянули її модифікації, які широко використовуються на практиці. Крім того, ми ознайомилися з сучасними альтернативами, які мають кращу локальність даних, підтримують більше операцій і налаштовані на хорошу продуктивність під час роботи з великими масивами даних.

Якщо вас цікавить детальніша інформація про розглянутий матеріал або ви хочете прочитати оригінальні статті, перегляньте список літератури, що йде за цим розділом.

У наступному розділі ми дослідимо задачу підрахунку кількості унікальних елементів у наборі даних, яка може бути складною для великих даних і також потребує ймовірнісних підходів для ефективного розв'язання.

# Бібліографія

[Al07] Almeida, P., et al. (2007) "Scalable Bloom Filters", *Information Processing Letters*, Vol. 101 (6), pp. 255–261.

[Be11] Bender, M., et al. (2011) "Don't Thrash: How to Cache your Hash on Flash", *Proceedings of the 3rd USENIX conference on Hot topics in storage and file systems*, Portland, pp. 1, USENIX Association Berkeley.

[Be12] Bender, M., et al. (2012) "Don't Thrash: How to Cache your Hash on Flash", *Proceedings of the VLDB Endowment*, Vol. 5 (11), pp. 1627–1637.

[Bl70] Bloom, B.H. (1970) "Space/Time Trade-offs in Hash Coding with Allowable Errors", *Communications of the ACM*, Vol. 13 (7), pp. 422–426.

[Bo06] Bonomi, F., et al. (2006) "An Improved Construction for Counting Bloom Filters", *Proceedings of the 14th conference on Annual European Symposium*, Vol. 14, pp. 684–695.

[Br04] Broder, A., Mitzenmacher, M. (2004) "Network Applications of Bloom Filters: A Survey", *Internet Mathematics*, Vol. 1 (4), pp. 485–509.

[Fa00] Fan, L., et al. (2000) "Summary cache: a scalable wide-area web cache sharing protocol", *Journal IEEE/ACM Transactions on Networking*, Vol. 8 (3), pp. 281–293.

[Fa14] Fan, B., et al. (2014) "Cuckoo Filter: Practically Better Than Bloom", *Proceedings of the 10th ACM International on Conference on emerging Networking Experiments and Technologies*, Sydney, Australia — December 02–05, 2014, pp. 75–88, ACM New York, NY.

[Ki08] Kirsch, A., Mitzenmacher, M. (2008) "Less hashing, same performance: Building a better Bloom filter", *Journal Random Structures & Algorithms*, Vol. 33 (2), pp. 187–218.

[Mi02] Mitzenmacher, M. (2002) "Compressed Bloom filters", *IEEE/ACM Transactions on Networking*, Vol. 10 (5), pp. 604–612.

[Ta12] Tarkoma, S., et al. (2012) "Theory and Practice of Bloom Filters for Distributed Systems", *IEEE Communications Surveys and Tutorials*, Vol. 14 (1), pp. 131–155.

# 3

# Число елементів

Проблема оцінки *кардинальності* — це задача визначення числа унікальних елементів у наборі даних, серед яких присутні й дублікати. Традиційно, щоб точно підрахувати унікальні елементи в множині, класичні методи будують список усіх елементів, використовуючи сортування і пошук, щоб уникнути багаторазового перебору. Підрахунок елементів за допомогою цього списку дає точну кількість унікальних елементів, але має часову складність $O(N \cdot \log N)$, де N — кількість усіх елементів (включно з дублікатами), та вимагає затрат пам'яті, лінійно залежної від N, що навряд чи можна досягти для застосунків Big Data, які оперують величезними наборами даних з великою кардинальністю.

**Приклад 3.1:** Унікальні відвідувачі

Одним із цінних критеріїв оцінки будь-якого сайту є кількість унікальних користувачів, які відвідали його за певний період часу. Задля простоти ми припускаємо, що користувачі визначаються різними IP-адресами, тому необхідно підрахувати кількість унікальних IP-адрес, кожну з яких представлено 128-бітним рядком відповідно до специфікації інтернет-протоколу IPv6. Чи легке це завдання? Чи можемо ми просто використовувати класичні методи, щоб точно підрахувати це число? Усе залежить від популярності сайту.

Розглянемо статистику відвідування за березень 2017 року трьох найпопулярніших сайтів роздрібної торгівлі в США: *amazon.com*, *ebay.com* та *walmart.com*. Згідно з даними SimilarWeb[1], середня кількість відвідувань цих сайтів становила близько 1.44 мільярда, а середня кількість переглянутих сторінок за одне відвідування — 8.24. Таким чином, статистика за березень 2017 року містить близько 12 мільярдів IP-адрес по 128-біт кожна, що означає загальний розмір у 192 ГБ.

Якщо припустити, що кожен 10-й із цих відвідувачів був унікальним, то кардинальність такої множини становитиме приблизно 144 мільйони, натомість пам'ять, необхідна для зберігання списку унікальних елементів, становить 2.3 ГБ.

Ще один приклад ілюструє проблему оцінювання кількості унікальних елементів у наукових дослідженнях.

**Приклад 3.2:** ДНК-аналіз (Giroire, 2006)

Однією з довгострокових задач у дослідженні геному людини є вивчення кореляцій у послідовностях ДНК. Як відомо, молекули ДНК складаються з двох парних послідовностей, кожна з яких утворена чотирма базовими хімічними одиницями, позначеними A (аденін), G (гуанін), C (цитозин) і T (тимін). Геном людини містить близько 3 мільярдів таких пар основ. Секвенування означає визначення точного порядку пар основ у сегменті ДНК. З математичної точки зору, послідовність ДНК можна представити рядком із символів A, G, C, T довільної довжини, і розглядати його як приклад потенційно

[1]Traffic Overview `https://www.similarweb.com/website/amazon.com?competitors=ebay.com`

нескінченного набору даних.

Проблему вимірювання кореляції можна сформулювати як задачу визначення кількості окремих підрядків деякого фіксованого розміру у фрагменті ДНК. Ідея полягає в тому, що послідовність із кількома окремими підрядками має більшу кореляцію, ніж послідовність того самого розміру, але з більшою кількістю окремих підрядків.

Такі експерименти вимагають багаторазового прогону на безлічі величезних файлів, мають обмежену (або навіть фіксовану) пам'ять і потребують швидкого виконання, що нездійсненно для алгоритмів точного підрахунку.

Таким чином, можливі переваги точного оцінювання числа унікальних елементів зводяться нанівець через великі витрати часу на обробку і необхідний обсяг пам'яті. У застосунках Big Data доводиться використовувати більш практичні підходи, як правило, засновані на різних ймовірнісних алгоритмах, навіть якщо вони можуть дати лише приблизні відповіді.

Під час обробки даних важливо розуміти розмір набору даних і можливу кількість унікальних елементів.

Розглянемо потенційно нескінченну послідовність 1-літерних рядків $a$, $d$, $s$, ..., що складається з літер англійського алфавіту. Кількість унікальних елементів у цій послідовності можна легко оцінити: вона обмежена зверху кількістю літер, яка в сучасній англійській мові становить 26. Вочевидь, в цьому випадку немає необхідності застосовувати будь-який ймовірнісний підхід і простий алгоритм підрахунку за словником працює дуже добре.

Для вирішення проблеми кардинальності багато популярних ймовірнісних методів використовують ідеї алгоритму фільтра Bloom. Оперуючи хеш-значеннями елементів і спостерігаючи закономірності в їхньому розподілі, вони роблять обґрунтовані "припущення" про кількість унікальних елементів без необхідності їхнього зберігання.

## 3.1 Linear Counting

У якості найпростішого ймовірнісного розв'язання задачі оцінки кардинальності ми розглянемо лінійний за часом ймовірнісний алгоритм підрахунку, відомий як алгоритм *Linear Counting*. Оригінальні ідеї цього підходу були запропоновані Мортоном Астраханом, Маріо Школярем і Кю-Янгом Венгом у 1987 році [As87], а практичний алгоритм був опублікований Кю-Янгом Венгом, Бредом Вандер-Занденом і Говардом Тейлором у 1990 році [Wh90].

Безпосереднім удосконаленням класичних точних методів є хешування елементів деякою хеш-функцією $h$, яка "з коробки" може усунути дублікати без необхідності сортування елементів, сплативши за це певною ймовірністю помилки через можливі колізії хеша (ми не зможемо відрізнити дублікати від "випадкових дублікатів"). Таким чином, при використанні такої хеш-таблиці потрібно тільки розробити відповідну процедуру сканування для реалізації алгоритму, який перевершить класичні методи.

Однак для наборів даних з величезною кількістю унікальних елементів такі хеш-таблиці можуть бути доволі великими та вимагати пам'ять, яка прямо залежить від їхньої кількості. Для систем з обмеженою пам'яттю в якийсь момент знадобиться дискове або розподілене сховище, що різко знижує переваги хеш-таблиць через повільний доступ до диска або мережі.

Подібно до ідеї фільтра Bloom, щоб обійти цю проблему, алгоритм Linear Counting зберігає не самі хеш-значення, а відповідні їм біти, замінюючи хеш-таблицю бітовим масивом LinearCounter довжини $m$. Припускається, що $m$, як і раніше, пропорційно очікуваному числу різних елементів $n$, але вимагає тільки 1 біт на елемент, що цілком прийнятно в більшості випадків.

Ідея алгоритму полягає в тому, щоб розподілити елементи по відрах (бітах, індексованих хеш-значеннями) і зберігати бітовий масив LinearCounter, котрий запам'ятовує, яке відро було використано. Відстеження кількості використаних відер (встановлених бітів) призводить до оцінки кардинальності.

Спочатку всі біти в лічильнику LINEARCOUNTER дорівнюють нулю. Щоб додати новий елемент $x$ у таку структуру даних, необхідно обчислити його хеш-значення $h(x)$ і встановити відповідний біт у масиві лічильника.

**Алгоритм 3.1:** Додавання елемента до лічильника

```
Input: Елемент x ∈ 𝔻
Input: Лічильник з хеш-функцією h
j ← h(x)
if LinearCounter[j] = 0 then
    LinearCounter[j] ← 1
```

Через те, що використовується тільки одна хеш-функція $h$, можна очікувати безліч колізій, коли два різних хеш-значення встановлюють один і той самий біт у масиві. Таким чином, точна (або навіть майже точна) кількість окремих елементів вже не може бути отримана безпосередньо з такого набору.

На першому етапі алгоритму Linear Counting ми будуємо структуру даних LINEARCOUNTER, як показано в Алгоритмі 3.1. Маючи такий набір, кардинальність можна оцінити через спостереження за часткою порожніх бітів V з використанням формули

$$n \approx -m \cdot \ln \mathrm{V}. \tag{3.1}$$

Наразі зрозуміло, як колізії впливають на оцінку кардинальності в алгоритмі Linear Counting: кожна колізія зменшує кількість бітів, які мають бути встановлені, роблячи спостережувану частку невстановлених бітів більшою за реальне значення. Якби не було колізій хеша, кінцева кількість встановлених бітів відповідала б істинній кардинальності. Однак колізії неминучі, і формула (3.1) фактично дає завищене значення точної кардинальності, а оскільки кардинальність є цілим числом, ми вважаємо за краще округляти результат до найближчого меншого цілого числа.

Таким чином, можна сформулювати повний алгоритм підрахунку.

**Алгоритм 3.2:** Оцінка кількості унікальних елементів

```
Input: Набір даних 𝔻
Output: Оцінка кардинальності
LinearCounter[i] ← 0, i = 0 ... m − 1
for x ∈ 𝔻 do
    Add(x, LinearCounter)
Z ← count_{i=0...m−1} (LinearCounter[i] = 0)
return ⌊−m · ln Z/m⌋
```

### Приклад 3.3: Алгоритм Linear Counting

Розглянемо набір даних, що містить 20 назв столиць, вибраних з останніх новинних статей: ***Berlin***, *Berlin*, ***Paris***, *Berlin*, ***Lisbon***, ***Kiev***, *Paris*, ***London***, ***Rome***, ***Athens***, ***Madrid***, ***Vienna***, *Rome*, *Rome*, *Lisbon*, *Berlin*, *Paris*, *London*, *Kiev*, ***Washington***.

Для таких малих кардинальностей (істинна кардинальність дорівнює 10) і стандартної помилки близько 10%, необхідно вибрати довжину структури даних LinearCounter не меншу за очікувану кількість унікальних елементів, тому виберемо $m = 2^4$. В якості хеш-функції $h$ зі значеннями в $\{0, 1, \ldots, 2^4 - 1\}$ використаємо функцію, засновану на 32-бітному MurmurHash3, визначену як

$$h(x) := \text{MurmurHash3}(x) \bmod m.$$

Обчислені хеш-значення міст наведено в таблиці нижче:

| Місто | h(Місто) |
|---|---|
| Athens | 12 |
| Berlin | 7 |
| Kiev | 13 |
| Lisbon | 15 |
| London | 14 |

| Місто | h(Місто) |
|---|---|
| Madrid | 14 |
| Paris | 8 |
| Rome | 1 |
| Vienna | 6 |
| Washington | 11 |

Як можна помітити, міста ***London*** і ***Madrid*** мають однакові значення, але такі колізії цілком очікувані і природні. Структура даних LinearCounter має такий вигляд:

| 0 | 1 | 2 | 3 | 4 | 5 | 6 | 7 | 8 | 9 | 10 | 11 | 12 | 13 | 14 | 15 |
|---|---|---|---|---|---|---|---|---|---|---|---|---|---|---|---|
| 0 | 1 | 0 | 0 | 0 | 0 | 1 | 1 | 1 | 0 | 0 | 1 | 1 | 1 | 1 | 1 |

Згідно з алгоритмом Linear Counting, ми обчислюємо частку V порожніх бітів у LinearCounter:

$$V = \frac{7}{16} = 0.4375,$$

а очікувана кардинальність становить

$$n \approx -16 \cdot \ln 0.4375 \approx 13.23,$$

що перевищує точну кількість унікальних елементів, яка дорівнює 10.

## Властивості

Якщо хеш-функція $h$ може бути обчислена за постійний час (що є вірним для найпопулярніших хеш-функцій), то час обробки кожного елемента є певною фіксованою константою, і тому алгоритм має часову складність O(N), де N — загальна кількість елементів, включно з дублікатами.

Як і у всіх ймовірнісних алгоритмах, існує низка параметрів, які можуть бути налаштовані для впливу на продуктивність.

Очікувана точність оцінки залежить від розміру бітового масиву $m$ і його відношення до числа унікальних елементів $\alpha = \frac{m}{n}$, що називається *коефіцієнтом заповнення*. Якщо $\alpha \geq 1$ ($m > n$ не є практично цікавим випадком), існує ненульова ймовірність $P_{full}$ того, що бітовий масив LinearCounter стане повним, яка називається *ймовірністю переповнення* (англ. fill-up probability). Таке переповнення масиву фатально спотворює алгоритм і фактично руйнує вираз (3.1). Ймовірність $P_{full}$ залежить від коефіцієнта заповнення і, отже, від розміру $m$, який треба вибрати досить великим, щоб ймовірність переповнення була нехтувано малою.

Стандартна помилка δ є мірою варіативності оцінки, що надається Linear Counting, і існує компроміс між нею та розміром бітового масиву $m$. Зменшення стандартної помилки призводить до більш точних оцінок, але збільшує обсяг необхідної пам'яті.

Нажаль, залежність від вибору $m$ досить складна і не має аналітичного рішення. Для практично значущої ймовірності переповнення $P_{full} = 0.7\%$ автори алгоритму надали попередньо обчислені значення (наведені в Таблиці 3.1), які можуть бути використані як довідкові.

**Табл. 3.1:** Компроміс між точністю і розміром бітового масиву

| $n$ | $m$ | |
|---|---|---|
| | $\delta = 1\%$ | $\delta = 10\%$ |
| 1000 | 5329 | 268 |
| 10000 | 7960 | 1709 |
| 100000 | 26729 | 12744 |
| 1000000 | 154171 | 100880 |
| 10000000 | 1096582 | 831809 |
| 100000000 | 8571013 | 7061760 |

Оскільки ймовірність переповнення ніколи не дорівнює нулю, бітовий масив іноді виявляється переповненим і спотворює Алгоритм 3.2. У таких випадках, під час роботи з невеликими наборами даних можна переіндексувати всі елементи за допомогою іншої хеш-функції або збільшити розмір LinearCounter. На жаль, такі рішення мають досить високу часову складність і не підходять для величезних масивів даних.

Проте Linear Counting дуже добре працює, коли кардинальність вимірюваного набору даних не дуже велика, і його можна використати для поліпшення інших алгоритмів, розроблених для забезпечення найкращої поведінки для величезних кардинальностей.

В алгоритмі Linear Counting оцінка кардинальності приблизно пропорційна її точному значенню, тому використовується термін "лінійний" (англ. linear). У наступному розділі ми розглянемо альтернативний алгоритм, який можна класифікувати як "логарифмічний", оскільки він ґрунтується на оцінках, які є логарифмами істинної кардинальності.

## 3.2 Probabilistic Counting

Одним із методів підрахунку, що ґрунтується на ідеї спостереження за загальними закономірностями в хешованих представленнях елементів, є клас алгоритмів *Probabilistic Counting*, запропонований Філіпом Флажоле і Найджелом Мартіном у 1985 році [Fl85].

За традицією, кожен елемент попередньо обробляється шляхом застосування деякої хеш-функції $h$, яка перетворює елементи на цілі числа, досить рівномірно розподілені за числовим діапазоном $\{0, 1, \ldots, 2^{M} - 1\}$ або, що еквівалентно, за множиною двійкових рядків[2] довжини M:

$$h(x) = i = \sum_{k=0}^{M-1} i_k \cdot 2^k := (i_0 i_1 \ldots i_{M-1})_2 \, , i_k \in \{0, 1\}.$$

Флажоле і Мартін помітили, що патерни

$$0^k 1 := \overbrace{00\ldots0}^{k \text{ times}}1$$

повинні з'являтися в таких бінарних рядках з імовірністю $2^{-(k+1)}$, і якщо записувати їх для кожного індексованого елемента, то вони можуть відігравати роль оцінки кардинальності.

Кожен патерн може бути пов'язаний зі своїм індексом, званим *рангом* (англ. rank), який обчислюється за формулою:

$$\text{rank}(i) = \begin{cases} \min\limits_{i_k \neq 0} k, & \text{for } i > 0, \\ \text{M} & \text{for i} = 0. \end{cases} \tag{3.2}$$

Іншими словами, ранг еквівалентний крайній лівій позиції 1 у рядку, відомої як найменша значуща 1-бітова позиція.

**Приклад 3.4:** Обчислення рангу

Розглянемо ціле число 42 завдовжки 8 біт, яке має таке двійкове подання

[2] схема нумерації "LSB 0" починається з нуля для найменш значущого біта (англ. LSB)

з використанням схеми нумерації "LSB 0":

$$42 = 0\cdot2^0 + 1\cdot2^1 + 0\cdot2^2 + 1\cdot2^3 + 0\cdot2^4 + 1\cdot2^5 + 0\cdot2^6 + 0\cdot2^7 = (01010100)_2\,.$$

Отже, одиниці з'являються в позиціях 1, 3 і 5, тому, згідно з визначенням (3.2), ранг дорівнює

$$\text{rank}(42) = \min(1, 3, 5) = 1.$$

Повторення патерну $0^k1$, або просто $\text{rank}(\cdot) = k$, у двійкових представленнях хеш-значень кожного елемента, можуть компактно зберігатися в структурі даних Counter, також відомій як *FM Sketch*, котра являє собою бітовий масив довжини M.

Спочатку всі біти в лічильнику Counter дорівнюють нулю. Коли необхідно додати новий елемент $x$ у структуру даних, ми обчислюємо його хеш-значення за допомогою хеш-функції $h$, потім визначаємо $\text{rank}(x)$ і встановлюємо відповідний біт у масиві.

**Алгоритм 3.3:** Додавання елемента до лічильника

```
Input: Елемент x ∈ D
Input: Лічильник Counter з хеш-функцією h
j ← rank(h(x))
if Counter[j] = 0 then
    Counter[j] ← 1
```

Таким чином, одиниця в деякій позиції $j$ бітового масиву лічильника Counter означає, що шаблон $0^j1$ був помічений хоча б один раз серед хеш-значень проіндексованих елементів.

**Приклад 3.5:** Побудова лічильника

Розглянемо той самий набір даних, що й у Прикладі 3.3, який містить 20 назв столиць, отриманих з останніх новинних статей: ***Berlin***, *Berlin*, ***Paris***, *Berlin*, ***Lisbon***, ***Kiev***, *Paris*, ***London***, ***Rome***, ***Athens***, ***Madrid***, ***Vienna***, *Rome*, *Rome*, *Lisbon*, *Berlin*, *Paris*, *London*, *Kiev*, ***Washington***.

У якості хеш-функції $h$ використовуємо 32-бітову MurmurHash3, яка зіставляє елементи значенням із діапазону $\{0, 1, \ldots, 2^{32} - 1\}$, тож будуємо лічильник COUNTER довжини $M = 32$. Використовуючи хеш-значення вже обчислені в Прикладі 3.3 і визначення (3.2), обчислюємо ранги кожного елемента:

| Місто | h(Місто) | rank |
|---|---|---|
| Athens | 4161497820 | 2 |
| Berlin | 3680793991 | 0 |
| Kiev | 3491299693 | 0 |
| Lisbon | 629555247 | 0 |
| London | 3450927422 | 1 |
| Madrid | 2970154142 | 1 |
| Paris | 2673248856 | 3 |
| Rome | 50122705 | 0 |
| Vienna | 3271070806 | 1 |
| Washington | 4039747979 | 0 |

У підсумку лічильник COUNTER має такий вигляд:

| 0 | 1 | 2 | 3 | 4 | 5 | 6 | 7 | 8 | 9 | 10 | 11 | 12 | 13 | 14 | 15 |
|---|---|---|---|---|---|---|---|---|---|---|---|---|---|---|---|
| 1 | 1 | 1 | 1 | 0 | 0 | 0 | 0 | 0 | 0 | 0 | 0 | 0 | 0 | 0 | 0 |

| 16 | 17 | 18 | 19 | 20 | 21 | 22 | 23 | 24 | 25 | 26 | 27 | 28 | 29 | 30 | 31 |
|---|---|---|---|---|---|---|---|---|---|---|---|---|---|---|---|
| 0 | 0 | 0 | 0 | 0 | 0 | 0 | 0 | 0 | 0 | 0 | 0 | 0 | 0 | 0 | 0 |

Підкреслимо дуже цікаве теоретичне спостереження. Виходячи з рівномірного розподілу значень, якщо $n$ — це точна кількість проіндексованих унікальних елементів, то можна очікувати, що одиниця в першій позиції може з'явитися приблизно в $\frac{n}{2}$ випадках, у другій позиції — приблизно в $\frac{n}{2^2}$ випадках, і т. д. Отже, якщо $j \gg \log_2 n$, то ймовірність виявити одиницю в $j$-ій позиції близька до нуля, а отже, COUNTER$[j]$ майже напевно дорівнюватиме нулю. Аналогічно для $j \ll \log_2 n$, значення COUNTER$[j]$ майже напевно дорівнюватиме одиниці. Якщо значення $j$ знаходиться близько $\log_2 n$, то ймовірність спостерігати одиницю або нуль у цій позиції приблизно однакова.

Таким чином, найлівіша позиція R нуля в COUNTER після вставки всіх елементів із набору даних може бути використана як індикатор значення $\log_2 n$. Насправді додатково потрібен ще й коригуючий коефіцієнт $\varphi$, а оцінка кардинальності може бути обчислена за формулою

$$n \approx \frac{1}{\varphi} 2^{R}, \tag{3.3}$$

де $\varphi \approx 0.77351$.

Флажоле і Мартін обрали для оцінювання кардинальності найменш значущу позицію 0-біта (крайня ліва позиція з 0) і побудували свій алгоритм на її основі. Однак із наведеного вище спостереження видно, що з цією самою метою можна використати і старшу позицію 1-біта (крайня права позиція з 1), але вона має більш пологий розподіл, що призводить до більшої стандартної помилки.

Алгоритм обчислення крайнього лівого положення нуля в лічильнику може бути сформульовано наступним чином.

**Алгоритм 3.4:** Обчислення найлівішої позиції нуля

```
Input: Лічильник довжини M
Output: Найлівіша позиція нуля
for j ← 0 to M − 1 do
    if COUNTER[j] = 0 then
        return j
return M
```

**Приклад 3.6:** Оцінка кардинальності з одним лічильником

Розглянемо лічильник COUNTER з Прикладу 3.5 і оцінимо число унікальних елементів.

| 0 | 1 | 2 | 3 | 4 | 5 | 6 | 7 | 8 | 9 | 10 | 11 | 12 | 13 | 14 | 15 |
|---|---|---|---|---|---|---|---|---|---|---|---|---|---|---|---|
| 1 | 1 | 1 | 1 | **0** | 0 | 0 | 0 | 0 | 0 | 0 | 0 | 0 | 0 | 0 | 0 |

| 16 | 17 | 18 | 19 | 20 | 21 | 22 | 23 | 24 | 25 | 26 | 27 | 28 | 29 | 30 | 31 |
|---|---|---|---|---|---|---|---|---|---|---|---|---|---|---|---|
| 0 | 0 | 0 | 0 | 0 | 0 | 0 | 0 | 0 | 0 | 0 | 0 | 0 | 0 | 0 | 0 |

Знаходимо найлівіше значення 0, яке в лічильнику COUNTER з'являється в позиції $R = 4$, і, керуючись Алгоритмом 3.4, обчислюємо оцінку кардинальності за формулою (3.3):

$$n \approx \frac{1}{0.77351} 2^4 \approx 20.68.$$

Точна кардинальність множини дорівнює 10, натомість обчислена нами оцінка має більшу похибку через те, що значення R є цілими числами, і для дуже близьких рангів можна отримати результати, що відрізняються на кілька двійкових порядків. Наприклад, R = 3 дало б майже ідеальну оцінку, що дорівнює 10.34.

Теоретично оцінка кардинальності з одним лічильником може дати близькі значення, але вона має доволі високу дисперсію, що відповідає, як ми вже спостерігали в Прикладі 3.6, непрактичній стандартній помилці δ, розміром в один двійковий порядок.

Вочевидь, що слабким місцем підходу з одним лічильником є брак високонадійних оцінок кардинальності (фактично передбачення робиться на основі єдиної оцінки). Тому природним розширенням алгоритму є побудова множини таких лічильників $\{\textsc{Counter}_k\}_{k=0}^{m-1}$ і, відповідно, збільшення числа оцінок. Остаточне передбачення $n$ може бути отримано шляхом усереднення передбачень $R_k$ цих лічильників.

Таким чином, модифікована формула (3.3) алгоритму Probabilistic Counting має вигляд

$$n \approx \frac{1}{\varphi} 2^{\bar{R}} = \frac{1}{\varphi} 2^{\frac{1}{m} \sum\limits_{k=0}^{m-1} R_k}, \tag{3.4}$$

причому істинна кардинальність $n$ матиме аналогічну за якістю оцінку, але з набагато меншою дисперсією.

Очевидним практичним недоліком побудови $m$ незалежних лічильників є вимога обчислення значень $m$ різних хеш-функцій, кожна з яких може бути обчислена за $O(1)$, що призводить до загальної часової складності $O(m)$ і збільшення додаткових витрат процесора.

Рішенням для оптимізації алгоритму Probabilistic Counting є застосування спеціальної процедури, відомої як *стохастичне усереднення*.

**Алгоритм 3.5:** Стохастичне усереднення

`Input`: Елемент $x \in \mathbb{D}$

`Input`: Набір із $m$ лічильників з хеш-функцією $h$

$q \leftarrow h(x) \text{ div } m := \left\lfloor \frac{h(x)}{m} \right\rfloor$

$r \leftarrow h(x) \bmod m$

$j \leftarrow \texttt{rank}(q)$

**if** $\textsc{Counter}_r[j] = 0$ **then**

  $\textsc{Counter}_r[j] \leftarrow 1$

Згідно з цим прийомом, $m$ хеш-функцій замінюються тільки однією, а її значення методом ділення поділяється на дві частини — частку $q$ і залишок $r$. Залишок $r$ використовується для вибору одного з $m$ лічильників, а частка $q$ — для обчислення рангу елемента і знаходження в бітовому масиві цього лічильника відповідного біта, значення якого має бути оновлено.

Застосовуючи стохастичне усереднення до алгоритму Probabilistic Counting, припускаючи, що розподіл елементів на основі розподілу достатньо справедливий, можна очікувати, що кожним окремим лічильником $\{\textsc{Counter}_k\}_{k=0}^{m-1}$ буде проіндексовано $m - 1$ елементів, тому формула (3.4) є хорошою оцінкою для $\frac{n}{m}$ (не $n$ безпосередньо):

$$n \approx \frac{m}{\varphi} 2^{\bar{\mathrm{R}}} = \frac{m}{\varphi} 2^{\frac{1}{m} \sum_{k=0}^{m-1} \mathrm{R}_k}. \tag{3.5}$$

Відповідний Алгоритм 3.6 називається алгоритмом *Probabilistic Counting зі стохастичним усередненням*, також відомий як *Алгоритм Флажоле–Мартіна*. Порівняно з його версією, що використовує $m$ хеш-функцій, він зменшує часову складність для кожного елемента приблизно до $O(1)$.

**Алгоритм 3.6:** Алгоритм Флажоле–Мартіна

```
Input: Масив даних 𝔻
Input: Набір із m лічильників з хеш-функцією h
Output: Оцінка кардинальності
for x ∈ 𝔻 do
    r ← h(x) mod m
    q ← h(x) div m
    j ← rank(q)
    if Counter_r[j] = 0 then
        Counter_r[j] ← 1
S ← 0
for r ← 0 to m − 1 do
    R ← LeftMostZero(Counter_r)
    S ← S + R
return (m/φ) · 2^((1/m)S)
```

**Приклад 3.7:** Оцінка кардинальності за допомогою стохастичного усереднення

Розглянемо набір даних і хеш-значення, обчислені в Прикладі 3.5, і застосуємо техніку стохастичного усереднення, моделюючи $m = 3$ хеш-функції. Ми використовуємо залишок $r$ для вибору одного з трьох лічильників, а частку $q$ для обчислення рангу $\text{rank}(q)$.

| Місто | h(Місто) | $r$ | $q$ | rank($q$) |
|---|---|---|---|---|
| Athens | 4161497820 | 0 | 1387165940 | 2 |
| Berlin | 3680793991 | 1 | 1226931330 | 1 |
| Kiev | 3491299693 | 1 | 1163766564 | 2 |
| Lisbon | 629555247 | 0 | 209851749 | 0 |
| London | 3450927422 | 2 | 1150309140 | 2 |
| Madrid | 2970154142 | 2 | 990051380 | 2 |
| Paris | 2673248856 | 0 | 891082952 | 3 |
| Rome | 50122705 | 1 | 16707568 | 4 |
| Vienna | 3271070806 | 1 | 1090356935 | 0 |
| Washington | 4039747979 | 2 | 1346582659 | 0 |

Кожен лічильник обробляє інформацію приблизно для однієї третини міст, тому розподіл досить справедливий. Після індексації всіх елементів і встановлення потрібних бітів, наші лічильники мають такі форми:

$\text{COUNTER}_0$

| 0 | 1 | 2 | 3 | 4 | 5 | 6 | 7 | 8 | 9 | 10 | 11 | 12 | 13 | 14 | 15 |
|---|---|---|---|---|---|---|---|---|---|---|---|---|---|---|---|
| 1 | **0** | 1 | 1 | 0 | 0 | 0 | 0 | 0 | 0 | 0 | 0 | 0 | 0 | 0 | 0 |

| 16 | 17 | 18 | 19 | 20 | 21 | 22 | 23 | 24 | 25 | 26 | 27 | 28 | 29 | 30 | 31 |
|---|---|---|---|---|---|---|---|---|---|---|---|---|---|---|---|
| 0 | 0 | 0 | 0 | 0 | 0 | 0 | 0 | 0 | 0 | 0 | 0 | 0 | 0 | 0 | 0 |

$\text{COUNTER}_1$

| 0 | 1 | 2 | 3 | 4 | 5 | 6 | 7 | 8 | 9 | 10 | 11 | 12 | 13 | 14 | 15 |
|---|---|---|---|---|---|---|---|---|---|---|---|---|---|---|---|
| 1 | 1 | 1 | **0** | 1 | 0 | 0 | 0 | 0 | 0 | 0 | 0 | 0 | 0 | 0 | 0 |

| 16 | 17 | 18 | 19 | 20 | 21 | 22 | 23 | 24 | 25 | 26 | 27 | 28 | 29 | 30 | 31 |
|---|---|---|---|---|---|---|---|---|---|---|---|---|---|---|---|
| 0 | 0 | 0 | 0 | 0 | 0 | 0 | 0 | 0 | 0 | 0 | 0 | 0 | 0 | 0 | 0 |

$\text{COUNTER}_2$

| 0 | 1 | 2 | 3 | 4 | 5 | 6 | 7 | 8 | 9 | 10 | 11 | 12 | 13 | 14 | 15 |
|---|---|---|---|---|---|---|---|---|---|---|---|---|---|---|---|
| 1 | **0** | 1 | 0 | 0 | 0 | 0 | 0 | 0 | 0 | 0 | 0 | 0 | 0 | 0 | 0 |

| 16 | 17 | 18 | 19 | 20 | 21 | 22 | 23 | 24 | 25 | 26 | 27 | 28 | 29 | 30 | 31 |
|---|---|---|---|---|---|---|---|---|---|---|---|---|---|---|---|
| 0 | 0 | 0 | 0 | 0 | 0 | 0 | 0 | 0 | 0 | 0 | 0 | 0 | 0 | 0 | 0 |

Крайні ліві позиції нуля для кожного лічильника (виділені вище): $R_0 = 1$, $R_1 = 3$ і $R_2 = 1$. Таким чином, оцінка кардинальності за формулою (3.5) має вигляд:

$$n \approx \frac{3}{\varphi} 2^{\frac{1}{3}\sum_{k=0}^{2} R_k} \approx \frac{3}{0.77351} 2^{\frac{1+3+1}{3}} \approx 12.31.$$

Обчислена оцінка дуже близька до істинного значення кардинальності 10, і навіть без використання великої кількості лічильників, вона помітно перевершує оцінку з Прикладу 3.6.

## Властивості

Алгоритм Флажоле–Мартіна добре працює для наборів даних з великим числом унікальних елементів і дає непогані наближення, коли $\frac{n}{m} > 20$. Однак за малих значень $n$ в алгоритмі можуть з'явитися додаткові нелінійності, які зазвичай вимагають спеціальних корекцій.

Одну з можливих модифікацій алгоритму запропонували Бйорн Шойєрман і Мартін Маув у 2007 році [Sc07], які змінили формулу (3.5), додавши компонент, що коригує її для малих і швидко збігається до нуля для великих кардинальностей:

$$n \approx \frac{m}{\varphi}\left(2^{\bar{R}} - 2^{-\varkappa \cdot \bar{R}}\right), \tag{3.6}$$

де $\varkappa \approx 1.75$.

Стандартна помилка $\delta$ алгоритму Флажоле–Мартіна перебуває у зворотній залежності від кількості використовуваних лічильників і може бути наближена як

$$\delta \approx \frac{0.78}{\sqrt{m}}. \tag{3.7}$$

Орієнтовні значення стандартної помилки для широко використовуваної кількості лічильників можна знайти в Таблиці 3.2.

**Табл. 3.2:** Компроміс між точністю та об'ємом пам'яті (M = 32)

| $m$ | Память | $\delta$ |
|---|---|---|
| 64 | 256 байт | 9.7% |
| 256 | 1.024 КБ | 4.8% |
| 1024 | 4.1 КБ | 2.4% |

Розмір M кожного лічильника COUNTER може бути обраний таким чином, щоб

$$M > \log_2\left(\frac{n}{m}\right) + 4, \tag{3.8}$$

і широко використовуваного на практиці значення M = 32 достатньо для підрахунку кардинальностей, що набагато перевищують $10^9$, за допомогою всього лише 64 лічильників.

Лічильники, створені для різних наборів даних, можуть бути легко об'єднані разом, що призведе до побудови лічильника COUNTER для об'єднання цих наборів даних. Таке об'єднання є тривіальним і може бути виконано шляхом застосування операції побітового логічного додавання (логічне "або").

Як і фільтр Bloom, структури даних в алгоритмах Probabilistic Counting первісно не підтримують видалення. Однак, слідуючи ідеї фільтра Counting Bloom, їхні внутрішні бітові масиви можна розширити спеціальними лічильниками для підтримки ймовірнісно коректних видалень ціною збільшених вимог до пам'яті.

## 3.3 LogLog та HyperLogLog

Популярними ймовірнісними алгоритмами оцінювання кардинальності, що використовуються на практиці, є сімейство алгоритмів LogLog, яке включає алгоритм *LogLog*, запропонований Маріанною Дюран і Філіпом Флажоле у 2003 році [Du03], і його новітні модифікації — *HyperLogLog* та *HyperLogLog++*.

Ці алгоритми використовують підхід, який нагадує алгоритм Probabilistic Counting у тому, що оцінювання кардинальності $n$ відбувається шляхом спостереження за максимальною кількістю провідних нулів у двійкових поданнях хеш-значень елементів. Усі вони вимагають допоміжної пам'яті та виконують один прохід даними для отримання оцінки кардинальності.

Як зазвичай, кожен елемент набору даних попередньо обробляється за допомогою застосування хеш-функції $h$, що перетворює елементи на цілі числа, досить рівномірно розподілені за діапазоном $\{0, 1, \ldots, 2^{\mathrm{M}}-1\}$ або, що еквівалентно, за множиною двійкових рядків [3] довжини M:

$$h(x) = i = \sum_{k=0}^{\mathrm{M}-1} i_k \cdot 2^k := (i_0 i_1 \ldots i_{\mathrm{M}-1})_2 \, , i_k \in \{0, 1\}.$$

Початкові кроки алгоритмів схожі на відповідні етапи алгоритму Флажоле–Мартіна, які ми відтворимо тут ще раз. Спочатку вхідний набір даних (вхідний потік) розбивається на деяку кількість підмножин, кожна з яких індексується одним з $m$ лічильників. Потім для кожного елемента $x$, розділяючи значення хеш-функції $h(x)$ на частку і залишок відповідно до методу стохастичного усереднення, вибирається відповідний лічильник і встановлюється його значення.

Усі розглянуті тут алгоритми ґрунтуються на спостереженні за патернами $0^k1$, що трапляються на початку значень для певного

[3] схема нумерації "LSB 0", що починається з нуля для найменш значущого біта (англ. LSB)

лічильника, та пов'язують кожний патерн із його індексом, який називається рангом.

Ранг еквівалентний найменшій значущій позиції 1-біта в двійковому поданні хеш-значення індексованого елемента і може бути обчислений за формулою (3.2). Як і раніше, кожен лічильник будує своє власне спостереження кардинальності на основі виявлених рангів, а остаточне оцінювання кардинальності будується з таких спостережень за допомогою оціночної функції.

Що стосується зберігання даних, лічильники в алгоритмі Probabilistic Counting відносно дорогі в обслуговуванні, тому алгоритм LogLog забезпечує ефективніше рішення для зберігання даних, змінюючи функцію оцінювання і підхід до корекції похибки.

## Алгоритм LogLog

Основна ідея алгоритму LogLog полягає в обчисленні рангів для кожного вхідного елемента на основі однієї хеш-функції $h$. Оскільки можна очікувати, що $\frac{n}{2^k}$ елементів можуть мати $\texttt{rank}(\cdot) = k$, де $n$ — загальне число елементів, індексованих лічильником, тоді максимальний ранг, який ми спостерігаємо, може бути гарною оцінкою значення $\log_2 n$:

$$\mathrm{R} = \max_{x \in \mathbb{D}}(\texttt{rank}(x)) \approx \log_2 n. \tag{3.9}$$

Однак така оцінка має помилку у $\pm 1.87$ двійкових порядків, що непрактично. Щоб зменшити помилку, алгоритм LogLog використовує техніку розбиття, яка базується на стохастичному усередненні, і розбиває набір даних на $m = 2^p$ підмножин $\mathrm{S}_0, \mathrm{S}_1, \cdots, \mathrm{S}_{m-1}$, що індексуються окремими лічильниками, де *параметр точності* $p$ визначає кількість біт у навігації та фактично контролює кількість таких лічильників.

Отже, для кожного елемента $x$ з набору даних перші $p$ біт його M-бітного хеш-значення $h(x)$ можуть бути використані для визначення індексу $j \in [0, m-1]$ відповідної підмножини:

$$j = (i_0 i_1 \ldots i_{p-1})_2 ,$$

а решта $(\mathrm{M} - p)$ біт індексуються лічильником $\textsc{Counter}[j]$ для обчислення рангу й отримання спостереження $\mathrm{R}_j$ за формулою (3.9).

За справедливого розподілу кожна підмножина складається з $\frac{n}{m}$ елементів, тому спостереження $\mathrm{R}_j$ з лічильників $\{\textsc{Counter}[j]\}_{j=0}^{m-1}$ можуть дати уявлення про величину $\log_2 \frac{n}{m}$, а використовуючи їхнє середнє арифметичне з певною корекцією помилки, можна зменшити дисперсію поодиноких спостережень:

$$n = \alpha_m \cdot m \cdot 2^{\frac{1}{m} \sum\limits_{j=0}^{m-1} \mathrm{R}_j}, \tag{3.10}$$

де $\alpha_m = \left(\Gamma\left(-\frac{1}{m}\right) \cdot \frac{1-2^{\frac{1}{m}}}{\log 2}\right)^m$, $\Gamma(\cdot)$ — Гамма-функція.

На практиці при $m \geq 64$ достатньо вважати $\alpha_m \approx 0.39701$.

**Алгоритм 3.7:** Оцінювання кардинальності за допомогою LogLog

```
Input: Набір даних 𝔻
Input: Масив з m лічильників LogLog з хеш-функцією h
Output: Оцінка кардинальності
Counter[j] ← 0, j = 0 ... m − 1
for x ∈ 𝔻 do
    i ← h(x) := (i_0 i_1 ... i_{M−1})_2 , i_k ∈ {0, 1}
    j ← (i_0 i_1 ... i_{p−1})_2
    r ← rank((i_p i_{p+1} ... i_{M−1})_2)
    Counter[j] ← max (Counter[j], r)
R ← (1/m) Σ_{k=0}^{m−1} Counter[j]
return α_m · m · 2^R
```

### Властивості

Стандартна помилка $\delta$ алгоритму LogLog перебуває у зворотній залежності від кількості використовуваних лічильників $m$ і може бути приблизно визначена як

$$\delta \approx \frac{1.3}{\sqrt{m}}. \tag{3.11}$$

Відповідно, для $m = 256$ стандартна помилка становить близько 8%, а для $m = 1024$ вона зменшується до 4%.

Вимоги до пам'яті алгоритму LogLog можна оцінити як $O(\log_2 \log_2 n)$ біт, якщо потрібен підрахунок до $n$. Точніше, загальний простір, необхідний алгоритму для підрахунку до $n$, становить $m \cdot \log_2 \log_2 \log_2 \frac{n}{m} (1 + O(1))$.

**Приклад 3.8:** Оцінка пам'яті

Припустимо, що необхідно підрахувати кардинальності до $2^{30}$, тобто близько 1 мільярда унікальних значень, з точністю близько 4%. Як уже було зазначено, для такої стандартної помилки потрібно розбити вхідний потік даних на $m = 1024$ підмножини зі зв'язаними лічильниками, кожен з яких проіндексує приблизно $\frac{n}{m} = 2^{20}$ елементів.

Значення $\log_2 \left(\log_2 2^{20}\right) \approx 4.32$, тому достатньо виділити приблизно 5 біт на лічильник (максимальне значення такого лічильника не перевищить 32). Отже, для оцінки кардинальності приблизно до $10^9$ зі стандартною помилкою 4%, алгоритм потребує 1024 лічильника по 5 біт кожен, що в сумі становить 640 байт.

Порівняно з алгоритмом Probabilistic Counting, де кожен лічильник вимагає 16 або 32 біт, алгоритм LogLog потребує набагато менших лічильників $\{\text{COUNTER}[j]\}_{j=0}^{m-1}$, зазвичай розміром 5 біт кожен. Проте, хоча алгоритм LogLog і забезпечує кращу ефективність зберігання, він трохи менш точний.

## Алгоритм HyperLogLog

Модифікація алгоритму LogLog, відома як алгоритм *HyperLogLog*, була запропонована Філіпом Флажоле, Еріком Фюзі, Олів'є Гандуе і Фредеріком Меньє у 2007 році [Fl07]. Алгоритм HyperLogLog використовує 32-бітну хеш-функцію, іншу оцінювальну функцію і відмінні корекції похибки.

Подібно до алгоритму LogLog, HyperLogLog використовує рандомізацію для апроксимації кардинальності набору даних і був розроблений для роботи з кардинальностями до $10^9$ з однією 32-бітною хеш-функцією $h$, що розбиває набір даних на $m = 2^p$ підмножин з точністю $p \in 4 \ldots 16$.

Крім того, функція оцінки також відрізняє алгоритм HyperLogLog від оригінального алгоритму: LogLog використовує середнє геометричне, а HyperLogLog використовує функцію, засновану на нормалізованій версії середнього гармонійного:

$$\hat{n} \approx \alpha_m \cdot m^2 \cdot \left( \sum_{j=0}^{m-1} 2^{-\textsc{Counter}[j]} \right)^{-1}, \tag{3.12}$$

де

$$\alpha_m = \left( m \int_0^\infty \left( \log_2 \left( \frac{2+x}{1+x} \right) \right)^m dx \right)^{-1}.$$

Приблизні значення $\alpha_m$ можна знайти в Таблиці 3.3.

**Табл. 3.3:** $\alpha_m$ для широковживаних значень $m$

| $m$ | $\alpha_m$ |
|---|---|
| $2^4$ | 0.673 |
| $2^5$ | 0.697 |
| $2^6$ | 0.709 |
| $\geq 2^7$ | $\frac{0.7213 \cdot m}{m+1.079}$ |

Сенс використання середнього гармонійного полягає в тому, що воно зменшує дисперсію завдяки своїй властивості згладжувати перекоси в розподілі ймовірностей.

Однак оцінка (3.12) вимагає корекції на малі та великі діапазони через нелінійні помилки. Флажоле з колегами емпірично виявили, що для малих кардинальностей $n < \frac{5}{2}m$, з метою досягнення найкращих оцінок, алгоритм HyperLogLog може бути скоригований за допомогою розглянутого нами раніше алгоритму Linear Counting з використанням ненульових лічильників $\textsc{Counter}[j]$ (якщо лічильник має нульове значення, можна з упевненістю стверджувати, що дана підмножина порожня).

Для різних діапазонів кардинальності, виражених у вигляді інтервалів для значення оцінки $\hat{n}$, обчисленої за формулою (3.12), алгоритм передбачає такі корекції:

$$n = \begin{cases} \textsc{LinearCounter}, & \hat{n} \leq \frac{5}{2}m \text{ та } \exists j : \textsc{Counter}[j] \neq 0 \\ -2^{32} \log\left(1 - \frac{\hat{n}}{2^{32}}\right), & \hat{n} > \frac{1}{30}2^{32} \\ \hat{n}, & \text{в іншому разі.} \end{cases} \tag{3.13}$$

Однак для $n = 0$ такої корекції, схоже, недостатньо і алгоритм завжди повертає приблизно $0.7m$.

Хеш-функція, що відображає універсум у значення довжиною M біт, максимально може закодувати $2^{M}$ різних значень, і якщо передбачувана кардинальність $n$ наближається до такої межі, хеш-колізії стають дедалі ймовірнішими.

Оскільки алгоритм HyperLogLog використовує 32-бітну хеш-функцію, при наближенні кардинальності до $2^{32} \approx 4 \cdot 10^{9}$ хеш-функція майже досягає своєї межі і ймовірність колізій зростає. Для таких великих діапазонів алгоритм HyperLogLog оцінює кількість різних хеш-значень і використовує її для приблизного визначення кардинальності. Однак на практиці існує небезпека, що більшу кількість уже просто неможливо представити і вона буде втрачена, що позначиться на точності.

Нічого не вказує на те, що якісь хеш-функції (наприклад, MurmurHash3, MD5, SHA–1, SHA-256) працюють значно краще за інші в алгоритмах HyperLogLog або його модифікаціях.

Повний алгоритм HyperLogLog наведено нижче.

**Алгоритм 3.8:** Оцінювання кардинальності з HyperLogLog

```
Input: Набір даних 𝔻
Input: Масив з m лічильників LogLog з хеш-функцією h
Output: Оцінка кардинальності
Counter[j] ← 0, j = 0 … m − 1
for x ∈ 𝔻 do
    i ← h(x) := (i_0 i_1 … i_31)_2 , i_k ∈ {0,1}
    j ← (i_0 i_1 … i_{p−1})_2
    r ← rank((i_p i_{p+1} … i_31)_2)
    Counter[j] ← max (Counter[j], r)
R ← Σ_{k=0}^{m−1} 2^{−Counter[j]}
n̂ = α_m · m^2 · 1/R
n ← n̂
if n̂ ≤ (5/2)m then
    Z ← count_{j=0…m−1} (Counter[j] = 0)
    if Z ≠ 0 then
        n ← m · log(m/Z)
else if n̂ > (1/30)2^32 then
    n ← −2^32 · log(1 − n/2^32)
return n
```

### Властивості

Подібно до алгоритму LogLog, легко бачити, що і тут існує явний компроміс між стандартною помилкою $\delta$ та кількістю лічильників $m$:

$$\delta \approx \frac{1.04}{\sqrt{m}}.$$

Потреба в пам'яті не зростає лінійно з числом елементів (на відміну, наприклад, від алгоритму Linear Counting), а виділяючи $(M - p)$ біт для хеш-значень і використовуючи $m = 2^p$ лічильників, загалом потрібна пам'ять становить

$$\lceil \log_2(M + 1 - p) \rceil \cdot 2^p \text{ біт.} \tag{3.14}$$

До того ж, оскільки алгоритм HyperLogLog використовує винятково

32-бітні хеш-функції, за точності $p \in 4 \ldots 16$ загальні вимоги до пам'яті для структури даних алгоритму становлять $5 \cdot 2^p$ біт.

Таким чином, алгоритм HyperLogLog дає змогу оцінювати кардинальності далеко за межами $10^9$ зі звичайною точністю 2% за умови використання всього 1.5 КБ пам'яті.

Наприклад, відоме сховище даних у пам'яті Redis підтримує[4] структури даних HyperLogLog розміром 12 КБ, які апроксимують кардинальність зі стандартною помилкою 0.81%.

Хоча алгоритм HyperLogLog, порівняно з LogLog, покращує оцінку кардинальності для невеликих наборів даних, він усе ще переоцінює істинне значення в таких випадках.

Варіанти алгоритмів HyperLogLog реалізовані у відомих базах даних, зокрема Amazon Redshift, Redis, Apache CouchDB і Riak.

## Алгоритм HyperLogLog++

За деякий час, у 2013 році було розроблено вдосконалену версію алгоритму HyperLogLog, алгоритм *HyperLogLog++*, опублікований Штефаном Гойлом, Марком Нункессером та Александром Голлом, який орієнтований на більші кардинальності та кращу корекцію похибки.

Найбільш помітним поліпшенням алгоритму HyperLogLog++ є використання 64-бітної хеш-функції. Очевидно, що чим довші вихідні значення хеш-функції, тим більше різних елементів можна закодувати. Таке вдосконалення дозволяє оцінити кардинальність, що значно перевищує $10^9$ унікальних елементів, проте коли кардинальність наближається до $2^{64} \approx 1.8 \cdot 10^{19}$, колізії хеша стають проблемою і для HyperLogLog++.

Алгоритм HyperLogLog++ використовує таку саму функцію оцінки (3.12), як і HyperLogLog, однак він покращує корекцію похибки. Автори алгоритму провели серію експериментів з вимірювання помилок і виявили, що для $n \leq 5m$ похибки оригінального алгоритму

[4]PFCOUNT в Redis `https://redis.io/commands/pfcount`

можуть бути додатково скориговані за допомогою емпіричних даних, зібраних під час таких експериментів.

Окрім опису нового алгоритму, Хойле з колегами надали[5] емпіричні значення для поліпшення корекції похибки алгоритму — масиви необроблених оцінок кардинальності RAWESTIMATEDATA і відповідних похибок BIASDATA. Звісно, неможливо охопити всі значення, тому RAWESTIMATEDATA надає масив із 200 точок інтерполяції, що зберігає середню необроблену оцінку, виміряну в цій точці на 5000 різних наборах даних. BIASDATA містить близько 200 виміряних похибок, які відповідають RAWESTIMATEDATA. Обидва масиви мають нульовий індекс і містять попередньо обчислені значення для всіх підтримуваних точностей $p \in 4 \ldots 18$, де нульовий індекс у масивах відповідає значенню точності 4. Наприклад, для $m = 2^{10}$ і $p = 10$ необхідні дані можна знайти в RAWESTIMATEDATA[6] і BIASDATA[6] відповідно.

**Алгоритм 3.9:** Корекція похибки в HyperLogLog++

```
Input: Оцінка n̂ з точністю p
Output: Оцінка кардинальності з корекцією похибки
n_low ← 0, n_up ← 0, j_low ← 0, j_up ← 0
for j ← 0 to length(RAWESTIMATEDATA[p − 4]) do
    if RAWESTIMATEDATA[p − 4][j] ≥ n̂ then
        j_low ← j − 1, j_up ← j
        n_low ← RAWESTIMATEDATA[p − 4][j_low]
        n_up ← RAWESTIMATEDATA[p − 4][j_up]
        break
b_low ← BIASDATA[p − 4][j_low]
b_up ← BIASDATA[p − 4][j_up]
y = interpolate ((n_low, n_low − b_low), (n_up, n_up − b_up))
return y(n̂)
```

[5] Appendix to HyperLogLog in Practice http://goo.gl/iU8Ig

**Приклад 3.9:** Корекція похибки з використанням емпіричних значень

Припустимо, що ми якось обчислили оцінку кардинальності $\hat{n} = 2018.34$ за формулою (3.12) і хочемо скоригувати її для точності $p = 10$ (що відповідає $m = 2^{10}$).

Спочатку перевіряємо масив RAWESTIMATEDATA[6] і визначаємо, що таке значення $\hat{n}$ потрапляє в інтервал між значеннями з індексами 73 і 74 цього масиву, тож з огляду на те, що RAWESTIMATEDATA[6][73] = 2003.1804 та RAWESTIMATEDATA[6][74] = 2026.071, отримуємо оцінку:

$$2003.1804 \leq \hat{n} \leq 2026.071.$$

Для корекції похибки беремо значення з BIASDATA[6], розташовані в тих самих позиціях 73 і 74, а саме: BIASDATA[6][73] = 134.1804 і BIASDATA[6][74] = 131.071.

Правильна оцінка знаходиться в інтервалі:

$$[2003.1804 - 134.1804, 2026.071 - 131.071] = [1869.0, 1895.0].$$

Щоб обчислити скориговану оцінку, можна інтерполювати ці значення, наприклад, використовуючи метод k-найближчих сусідів (англ. k-nearest neighbors algorithm) або просто лінійну інтерполяцію $y(x) = a \cdot x + b$, де $y(2003.1804) = 1869.0$ і $y(2026.071) = 1895.0$.

Отже, опускаючи прості обчислення, лінія інтерполяції має вигляд

$$y = 1.135837 \cdot x - 406.28725,$$

а інтерпольоване значення для скоригованої оцінки кардинальності дорівнює

$$n = y(\hat{n}) = y(2018.34) \approx 1886.218.$$

Згідно з експериментами авторів HyperLogLog++, оцінка $n_{\text{lin}}$, побудована за алгоритмом Linear Counting, все ще краща для малих кардинальностей навіть порівняно зі значенням $n$ з корекцією похибки. Тому, якщо існує хоча б один порожній лічильник, алгоритм додатково обчислює лінійну оцінку і використовує список емпіричних порогових значень, які можна знайти в Таблиці 3.4, щоб обрати, якій з оцінок віддати перевагу. У цьому випадку значення $n$ з корекцією похибки використовується тільки тоді, коли лінійна оцінка $n_{\text{lin}}$ виявляється вищою за порогове значення $\varkappa_m$ для поточного $m$.

**Табл. 3.4:** Емпіричні порогові значення $\varkappa_m$

| $p$ | $m$ | $\varkappa_m$ |
|---|---|---|
| 4 | $2^4$ | 10 |
| 5 | $2^5$ | 20 |
| 6 | $2^6$ | 40 |
| 7 | $2^7$ | 80 |
| 8 | $2^8$ | 220 |

| $p$ | $m$ | $\varkappa_m$ |
|---|---|---|
| 9 | $2^9$ | 400 |
| 10 | $2^{10}$ | 900 |
| 11 | $2^{11}$ | 1800 |
| 12 | $2^{12}$ | 3100 |
| 13 | $2^{13}$ | 6500 |

| $p$ | $m$ | $\varkappa_m$ |
|---|---|---|
| 14 | $2^{14}$ | 11500 |
| 15 | $2^{15}$ | 20000 |
| 16 | $2^{16}$ | 50000 |
| 17 | $2^{17}$ | 120000 |
| 18 | $2^{18}$ | 350000 |

**Алгоритм 3.10:** Оцінювання кардинальності з HyperLogLog++

```
Input: Набір даних 𝔻
Input: Масив з m лічильників LogLog з хеш-функцією h
Output: Оцінка кардинальності
COUNTER[j] ← 0, j = 0 ... m − 1
for x ∈ 𝔻 do
    i ← h(x) := (i_0 i_1 ... i_63)_2 , i_k ∈ {0,1}
    j ← (i_0 i_1 ... i_{p−1})_2
    r ← rank((i_p i_{p+1} ... i_63)_2)
    COUNTER[j] ← max (COUNTER[j], r)
R ← Σ_{k=0}^{m−1} 2^{−COUNTER[j]}
n̂ = α_m · m^2 · 1/R
n ← n̂
if n̂ ≤ 5m then
    n ← CorrectBias(n̂)
Z ← count_{j=0...m−1} (COUNTER[j] = 0)
if Z ≠ 0 then
    n_lin ← m · log (m/Z)
    if n_lin ≤ ϰ_m then
        n ← n_lin
return n
```

**Приклад 3.10:** Корекція похибки із застосуванням порогових значень

Розглянемо Приклад 3.9, де для $m = 2^{10}$ ми обчислили значення з корекцією похибки $n \approx 1886.218$. Для того щоб визначити, чи варто віддати перевагу цьому значенню перед оцінкою за допомогою алгоритму Linear Counting, нам необхідно з'ясувати кількість порожніх лічильників Z у структурі даних HyperLogLog++. Оскільки в нашому прикладі ми не маємо цього значення, припустимо, що воно дорівнює Z = 73.

Таким чином, лінійна оцінка за формулою (3.1) має вигляд

$$n_{\text{lin}} = 2^{10} \cdot \log\left(\frac{2^{10}}{73}\right) \approx 2704.$$

Тож ми порівнюємо $n_{\text{lin}}$ з пороговим значенням $\varkappa_m = 900$ з Таблиці 3.4, яке є набагато нижчим за обчислений нами показник, відтак, ми надаємо перевагу оцінці $n$ з корекцією похибки, а не оцінці $n_{\text{lin}}$, отриманій за допомогою Linear Counting.

### Властивості

Точність HyperLogLog++ краща, ніж HyperLogLog для великих кардинальностей, і однаково добра в інших випадках. Для кардинальностей між 12000 і 61000 корекція похибки дає змогу отримати меншу похибку й уникнути стрибка помилки під час перемикання між субалгоритмами.

Основною відмінністю алгоритму HyperLogLog++ є збільшення розміру хеш-значень, але оскільки нам не потрібно зберігати самі значення, вимоги до пам'яті не надто зростають порівняно з HyperLogLog і, згідно з (3.14), для HyperLogLog++ потрібно всього $6 \cdot 2^p$ біт.

Алгоритм HyperLogLog++ можна використовувати для оцінювання кардинальності приблизно $7.9 \cdot 10^9$ елементів зі звичайною помилкою в 1.625%, використовуючи 2.56 КБ пам'яті[6].

Як зазначалося раніше, алгоритм використовує підхід стохастичного

[6] Micha Gorelick та Ian Ozsvald, High Performance Python, 2014

усереднення і розбиває набір даних на $m = 2^p$ підмножин $\{S_j\}_{j=0}^{m-1}$, кожна з яких має пов'язані лічильники $\{\text{Counter}[j]\}_{j=0}^{m-1}$, що обробляють інформацію про $\frac{n}{m}$ елементів. Хойле з колегами помітили, що для $n \ll m$ більшість лічильників ніколи не використовуються і не потребують збереження, тому зберігання можна поліпшити завдяки розрідженому поданню. Завдяки цьому, для кардинальностей $n$ набагато менших за $m$, HyperLogLog++ потребує менше пам'яті, ніж його попередники.

Алгоритм HyperLogLog++ у розрідженому варіанті зберігає тільки пари $(j, \text{Counter}[j])$, представляючи їх як одне ціле число шляхом з'єднання їхніх бітових шаблонів. Усі такі пари зберігаються в одному відсортованому списку цілих чисел. Оскільки ми завжди обчислюємо максимальний ранг, нам не потрібно зберігати різні пари з однаковим індексом, натомість достатньо зберігати тільки пару з максимальним індексом. На практиці для оптимізації можна ввести ще один несортований масив для швидких вставок, які мають періодично сортуватися й об'єднуватися в основний список. Якщо такий список вимагає більше пам'яті, ніж компактне представлення лічильників, його можна легко перетворити на компактну форму. Крім того, щоб зробити розріджене подання ще більш компактним, алгоритм HyperLogLog++ пропонує різні техніки стиснення, використовуючи кодування змінної довжини та кодування різниць (дельта-кодування) для цілих чисел, таким чином, зберігаючи лише першу пару та різниці з її значенням.

Наразі алгоритм HyperLogLog++ широко використовується в багатьох застосунках, включно з Google BigQuery і Elasticsearch.

# Підсумок

У цьому розділі ми розглянули різні ймовірнісні підходи до підрахунку унікальних елементів у величезних наборах даних. Ми обговорили труднощі, що виникають у задачах оцінювання кардинальності, і знайшли просте рішення, що дає змогу досить добре апроксимувати малі кардинальності. Згодом ми вивчили сімейство алгоритмів, заснованих на спостереженні певних закономірностей у хешованих представленнях елементів із набору даних, за якими послідувало безліч поліпшень і модифікацій, що стали сьогодні визнаним стандартом для оцінювання кардинальності практично будь-якого діапазону.

Якщо вас цікавить детальніша інформація про розглянутий тут матеріал або ви хочете прочитати оригінальні статті, будь ласка, зверніться до списку літератури, що йде за цим розділом.

У наступному розділі ми розглянемо потокові застосунки і вивчимо ефективні ймовірнісні алгоритми для оцінювання частот елементів, а також пошуку важковаговиків, переважаючих і трендових елементів у потоках даних.

# Бібліографія

[As87] Astrahan, M.M., Schkolnick, M., Whang, K.-Y. (1987) "Approximating the number of unique values of an attribute without sorting", *Journal Information Systems*, Vol. 12 (1), pp. 11–15, Oxford, UK.

[Du03] Durand, M., Flajolet, P. (2003) "Loglog Counting of Large Cardinalities (Extended Abstract)", In: G. Di Battista and U. Zwick (Eds.) – ESA 2003. *Lecture Notes in Computer Science*, Vol. 2832, pp. 605–617, Springer, Heidelberg.

[Fl85] Flajolet, P., Martin, G.N. (1985) "Probabilistic Counting Algorithms for Data Base Applications", *Journal of Computer and System Sciences*, Vol. 31 (2), pp. 182–209.

[Fl07] Flajolet, P., et al. (2007) "HyperLogLog: the analysis of a near-optimal cardinality estimation algorithm", *Proceedings of the 2007 International Conference on Analysis of Algorithms*, Juan les Pins, France – June 17-22, 2007, pp. 127–146.

[He13] Heule, S., et al. (2013) "HyperLogLog in Practice: Algorithmic Engineering of a State of The Art Cardinality Estimation Algorithm", *Proceedings of the 16th International Conference on Extending*

*Database Technology*, Genoa, Italy —- March 18-22, 2013, pp. 683–692, ACM New York, NY.

[Sc07] Scheuermann, B., Mauve, M. (2007) "Near-optimal compression of probabilistic counting sketches for networking applications", *Proceedings of the 4th ACM SIGACT-SIGOPS International Workshop on Foundation of Mobile Computing (DIAL M-POMC)*, Portland, Oregon, USA. – August 16, 2007.

[Wh90] Whang, K.-Y., Vander-Zanden, B.T., Taylor H.M. (1990) "A Linear-Time Probabilistic Counting Algorithm for Database Applications", *Journal ACM Transactions on Database Systems*, Vol. 15 (2), pp. 208–229.

# 4 Частота

Багато важливих проблем у застосунках потокового опрацювання даних пов'язані з оцінкою *частоти* елементів, включно з виявленням найпоширеніших елементів і оцінкою частотних тенденцій.

Коли потоки даних досить великі (їх можна розглядати як нескінченну послідовність елементів) і мають величезну кількість унікальних елементів, звичайні рішення, такі як сортування і утримання виділених лічильників для кожного елемента, вже неможливі. Більш того, у багатьох випадках навіть зберігати і повторно обробляти такі послідовності не є можливим, тому потрібні *однопрохідні* (англ. one-pass) алгоритми обробки.

Якщо потік даних великий, але має низьку кардинальність (містить лише невелику кількість унікальних елементів), достатньо запровадити точні лічильники частоти, використовуючи по одному лічильнику на кожен окремий елемент, і в таких випадках немає потреби застосовувати спеціальні алгоритми.

Специфіка застосунків Big Data, що мають справу з величезними потоками даних, формує певні вимоги до структур даних і алгоритмів:

- робити один прохід даними, без необмеженої буферизації;
- вимагати сублінійний (максимум полілогарифмічний) простір, тобто рости повільніше вхідного потоку;
- підтримувати швидкі та прості оновлення з достатньою гарантованою точністю.

Через обмеження пам'яті такі структури мають оперувати даними в стислій формі, яка є певним узагальненням потоку даних (наприклад, вибіркою) і зазвичай не дає змоги точно обчислювати більшість функцій над потоком, що є передумовою для застосування ймовірнісних апроксимацій.

Почнемо з формальних визначень. Під *потоком даних* $\mathbb{D} = \{x_1, x_2, \ldots, x_n\}$ ми будемо розуміти послідовність елементів будь-якої природи, припускаючи, що число цих елементів $n$ дуже велике (наприклад, мільярди) і в ній міститься невідоме велике число різних елементів. Якщо потік дійсно нескінченний, то $\mathbb{D}$ можна розглядати як підпотік, наприклад, розглядаючи цей потік у деякому часовому вікні.

Маючи підхід до оцінки частот елементів у величезному потоці даних, ми можемо розв'язати загальну *задачу пошуку найпоширеніших елементів* у потоці.

Якщо ми шукаємо елемент, що зустрічається більше $\frac{n}{2}$ разів у потоці даних $\mathbb{D}$, ми розглядаємо *задачу пошуку домінуючого елемента* (англ. Majority problem), що була сформульована як дослідницька проблема Дж. Стротером Муром у Journal of Algorithms у 1981 році [Bo81]. Якщо постулювати, що такий елемент існує в потоці (що не завжди вірно), тоді він тільки один і називається *домінуючим елементом* (англ. majority element). Така модельна задача дає нам краще розуміння проблем оцінки частот у потоках, а також знаходить своє застосування, наприклад, під час відстеження в реальному часі трафіку в мережі для виявлення ситуацій, коли один хост споживає більшу частину трафіку.

Однією з найскладніших задач, що виникають на практиці під час роботи з великими даними, є задача пошуку $k$ найчастіших (які трапляються більш ніж $\frac{n}{k}$ разів) елементів у потоці, також відомих як *важковаговики* (англ. heavy hitters), де $k \ll n$ — це зазвичай 10, 100 або 1000. Багато практичних застосунків пов'язані із задачею пошуку важковаговиків, зокрема пошук, оброблення логів, аналіз мережі, аналіз трафіку і виявлення аномалій.

Пошук важковаговиків передбачає, що деякі елементи можуть зустрічатися в потоці даних значно частіше, ніж інші, інакше немає сенсу розв'язувати таку задачу.

Було доведено, що не існує алгоритму, здатного повністю розв'язати *задачу пошуку важковаговиків* за один прохід, використовуючи сублінійний простір. Наприклад, можна спробувати визначити користувацьке ядро, виділивши $k$ постійних користувачів (при бажаному значенні $k \ll n$) для сайту з високим трафіком. Однак деякі користувачі можуть мати практично однакову кількість відвідувань, тож отримати *вичерпну* відповідь на це запитання, використовуючи обмежений простір, неможливо (поява якихось з постійних користувачів у підсумковому списку може залежати від черговості їхньої перевірки і т.п.).

Отже, на практиці розглядається ε*–задача пошуку важковаговиків* — ε-апроксимація, що визначає елементи, які трапляються щонайменше $\frac{n}{k}$ разів із гарантованою появою принаймні $\frac{n}{k} - \varepsilon \cdot n$, де $\varepsilon > 0$ і є малим. Наприклад, для $\varepsilon = \frac{1}{2k} > 0$ результатами розв'язання ε-задачі пошуку важковаговиків будуть елементи з частотою не менше ніж $\frac{n}{k}$ і гарантією, що вони трапляються не менше ніж $\frac{n}{k} - \varepsilon \cdot n = \frac{n}{k} - \frac{n}{2k} = \frac{n}{2k}$ разів.

Для невеликих потоків даних (незалежно від кількості унікальних елементів) достатньо просто відсортувати елементи і, використовуючи лінійне сканування, знайти елементи, які зустрічаються щонайменше $\frac{n}{k}$ — це і будуть "важковаговики".

У довільному потоці даних існує від 0 до $k$ важковаговиків і, на відміну від задачі пошуку домінуючого елемента, набагато ймовірніше, що для деяких значень $k$ хоча б один важковаговик існує, а домінуючий елемент — ні. Тому задачу пошуку домінуючого елемента можна розглядати як окремий випадок задачі пошуку важковаговиків з вимогою, щоб такий домінуючий елемент існував і $k \approx 2 - \varepsilon$, де мале $\varepsilon > 0$.

**Приклад 4.1:** DDoS–атака на DNS (Afek et al., 2016)

Розподілена атака на відмову в обслуговуванні (англ. DDoS) містить у собі безліч систем, що переповнюють ресурси цільової системи, зазвичай шляхом надсилання великої кількості запитів із мережі ботнетів. Однією з популярних цілей є система доменних імен (англ. DNS), яка відіграє роль "телефонної книги" Інтернету, забезпечуючи трансляцію між легко запам'ятовуваними доменними іменами та IP-адресами веб-сайтів.

DNS-запити можуть розглядатися як потік даних, де кожен елемент має пов'язане з ним доменне ім'я. Групуючи запити за їхнім доменом верхнього рівня, у нас з'являється можливість, досліджуючи домени, які найчастіше трапляються в потоці запитів, виявити атаку з використанням випадкового DNS-флуду, під час якої генерують запити на безліч різних неіснуючих піддоменів одного й того самого основного домену, щоб ускладнити опрацювання таких запитів від легітимних користувачів цього домену.

Інша цікава задача в потокових застосунках, відома як *задача відстеження тренду*, полягає у визначенні елементів, частоти яких змінилися найсильніше в різних потоках даних або часових вікнах. Наприклад, пошукові запити, частота яких змінюється найсильніше між двома послідовними часовими вікнами, можуть вказати на важливі події.

**Приклад 4.2:** Трендові хештеги X (Twitter)

Хештег використовується для індексації теми в X (Twitter) і дає змогу користувачам легко стежити за темами, що їх цікавлять. Хештеги зазвичай пишуться із символом # перед ними.

Щосекунди в X (Twitter) створюється близько 6000 твітів[1], тобто приблизно 500 мільйонів повідомлень щодня. Більшість цих твітів пов'язані з одним або кількома хештегами, і щоб бути в курсі подій, важливо визначати популярні теми дня.

Це можна зробити, обробляючи потік даних із твітів, оцінюючи частоту кожного хештега та виокремлюючи значення, які часто трапляються. Крім того, може бути корисним порівняти частоти вчорашніх і сьогоднішніх значень для визначення трендових тем (наприклад, тих, що мають найбільше зростання частот з учорашнього дня).

У цьому розділі ми вивчимо різні підходи до розв'язання проблем, пов'язаних з оцінкою частоти елементів у потоках даних для застосунків Big Data. Ми почнемо з дуже простих детерміністичних алгоритмів, а потім познайомимося з сучасними ймовірнісними альтернативами, які ефективно вирішують практичні задачі.

## 4.1 Алгоритм Majority

Досить просто запропонувати лінійний за часом варіант розв'язання задачі пошуку домінуючого елемента, оскільки домінуючий елемент (звісно, за умови його існування) є медіаною. Недолік такого методу в тому, що він вимагає багаторазового проходу через потік і, відповідно, не підходить для потоків даних, важливих для застосунків Big Data.

Алгоритм *Majority*, також відомий як *алгоритм більшості голосів Бойєра-Мура*, був винайдений Робертом Бойєром і Джей Муром 1981 року [Bo81] для розв'язання задачі пошуку домінуючого елемента за один прохід через потік даних. Аналогічний підхід було незалежно запропоновано Майклом Дж. Фішером і Стівеном Л. Зальцбергом у 1982 році [Fi82].

---

[1] Twitter Usage Statistics `https://www.internetlivestats.com/twitter-statistics/`

Структура даних для алгоритму Majority являє собою пару значень, що складається з цілочисельного лічильника і так званого *відстежуваного елемента*: $S = (c, x^*)$. Ця структура даних вимагає постійного обсягу пам'яті (але залежить від розміру оброблюваних елементів) і підтримує тільки одну просту операцію оновлення, яка змінює лічильник і обирає кандидата на роль відстежуваного елемента.

**Алгоритм 4.1:** Оновлення структури даних Majority

```
Input: Елемент x ∈ 𝔻
if c = 0 then
  x* ← x
if x = x* then
  c ← c + 1
else
  c ← c − 1
```

На основі такої структури даних нескладно описати і сам алгоритм. Для кожного елемента $x$ з потоку $\mathbb{D}$ алгоритм запускає процедуру оновлення **Update**, задану Алгоритмом 4.1 і, за умови, що домінуючий елемент існує, повертає останній відстежуваний елемент як домінуючий.

Окремо звернемо увагу, що значення лічильника в алгоритмі Majority **не є** частотою домінуючого елемента.

**Алгоритм 4.2:** Алгоритм Majority

```
Input: Потік даних 𝔻
Output: Домінуючий елемент
c ← 0
x* ← NULL
for x ∈ 𝔻 do
  Update(x)
return x*
```

Коли домінуючого елемента не існує, результатом роботи алгоритму Majority є довільний елемент потоку даних. Тому застосування такого алгоритму, якщо ми не впевнені в існуванні домінуючого елемента, потребуватиме ще одного проходу через потік даних із простим лічильником для перевірки того, що елемент, виданий Алгоритмом 4.2, справді є домінуючим елементом, що зустрічається більш ніж $\frac{n}{2}$ разів.

**Приклад 4.3:** Алгоритм Majority

Розглянемо набір даних з $n = 10$ числових елементів: $\{4, 4, 3, 5, 6, 4, 4, 4, 4, 2\}$, де очевидним домінуючим елементом є $x = 4$, тому що він трапляється 6 разів із 10.

Згідно з алгоритмом, ми визначаємо пару $\mathrm{S} = (c, x^*) = (0, \mathrm{NULL})$ і починаємо обробляти елементи з набору даних. Перший елемент $x_1 = 4$ і, оскільки наш лічильник $c$ порожній, ми зберігаємо його як відстежуваний елемент $x^* = 4$ і збільшуємо лічильник: $c = 1$. Наступний елемент $x_2$ знову рівний 4, що дорівнює відстежуваному елементу, тому ми просто збільшуємо лічильник: $c = 2$. Третій вхідний елемент $x_3 = 3$ відрізняється від $x^* = 4$, тому ми зменшуємо наш лічильник: $c = 1$. Аналогічно після обробки $x_4 = 5$, ми знову зменшуємо лічильник і він стає нульовим: $c = 0$.

Далі ми обробляємо елемент $x_5 = 6$ і, оскільки поточне значення лічильника дорівнює нулю, ми оновлюємо відстежуваний елемент $x^* = 6$ і встановлюємо його лічильник: $c = 1$. Однак це триває недовго, і після опрацювання елементів $x_6 = 4$ і $x_7 = 4$, відстежуваний елемент знову стає $x^* = 4$ з лічильником $c = 1$. Наступний елемент збільшує лічильник $c = 2$, але останній елемент не дорівнює 4, тому лічильник знову зменшиться до значення $c = 1$.

У підсумку, в якості відстежуваного елемента залишається вірний домінуючий елемент 4. Однак підсумкове значення лічильника $c = 1$ не є оцінкою його частоти, яка насправді дорівнює 6.

В алгоритмі Majority кожне "рідкісне" значення може зменшити лічильник $c$ або навіть скинути його до 0, що змушує переобирати відстежуваний елемент $x^*$. Можливо не одразу зрозуміло, як такий алгоритм приходить до правильного значення і чи існує небезпека, що для деяких випадків усі домінуючі значення можуть бути відсіяні. Як можна помітити, кожне наступне "рідкісне" значення може погасити лише одну копію "домінуючого" значення, але оскільки в потоці даних має бути більше $\frac{n}{2}$ "домінуючих" значень (припущення про існування домінуючого елемента), то "рідкісних" значень буде недостатньо, тож наприкінці залишиться хоча б одна "домінуюча" копія. Це також пояснює, чому значення лічильника, що повертається, не може бути використане як приблизне значення частоти домінуючого елемента.

Алгоритм Majority є найпопулярнішим алгоритмом для навчання завдяки своїй простоті. У наступному розділі ми вивчимо його розширення, яке вже може розв'язувати задачу пошуку найпоширеніших елементів і задачу пошуку важковаговиків.

## 4.2 Алгоритм Frequent

Узагальнення алгоритму Majority, відоме як алгоритм *Frequent*, було запропоновано Еріком Д. Демейном, Алехандро Лопесом-Ортісом і Дж. Яном Манро у 2002 році [De02], за кілька років після появи оригінального алгоритму. У якийсь момент було виявлено, що цей алгоритм фактично збігається з алгоритмом, опублікованим Джаядевом Місрою і Девідом Грісом у 1982 році [Mi82], відомим зараз як *алгоритм Місри–Гріса.*

Алгоритм Frequent розроблений для вирішення задачі пошуку важковаговиків та замість того, щоб зберігати тільки один лічильник, як в алгоритмі Majority, структура даних FREQUENT складається з набору відстежуваних елементів $\mathrm{X}^*$ розміру $p$ і пов'язаного з ним масиву лічильників $\mathrm{C} = \{c_i\}_{i=1}^{p}$.

Процедура **Update** оновлення структури даних для елемента $x$ з потоку розпочинається перевіркою, чи не є він вже відстежуваним елементом. Якщо це новий елемент, ми додаємо його до $\mathrm{X}^*$ за умови наявності вільного місця, оскільки розмір множини обмежений $p$ елементами. Якщо елемент не було додано, його присутність у потоці відзначається шляхом зменшення лічильників усіх відстежуваних елементів. У випадку, якщо елемент вже присутній у $\mathrm{X}^*$, ми просто збільшуємо його лічильник. Під завершенням виключаємо з множини відстежуваних елементів ті, що мають нульові лічильники.

**Алгоритм 4.3:** Оновлення структури даних Frequent

```
Input: Елемент x ∈ 𝔻
Input: Структура даних Frequent з p лічильниками
if x ∉ X* then
    if ∃m : c_m = 0 then
        x*_m ← x
if x ∈ X* then
    ∃m : x*_m = x
    c_m ← c_m + 1
else
    for j ← 1 to p do
        if c_j > 0 then
            c_j ← c_j − 1
for j ← 1 to p do
    if c_j = 0 then
        X* ← X* \ {x*_j}
```

Алгоритм Frequent використовує структуру даних Frequent розміром $p$ для виявлення елементів, що зустрічаються щонайменше $\frac{n}{p+1}$ разів у потоці з $n$ елементів. Таким чином, щоб визначити до $k-1$ важковаговиків, які зустрічаються принаймні $\frac{n}{k}$ раз у потоці даних, необхідно використовувати $p = k - 1$ лічильників.

**Алгоритм 4.4:** Алгоритм Frequent

```
Input: Потік даних 𝔻
Input: Структура даних Frequent з k − 1 лічильниками
Output: Елементи-важковаговики
C := {c_i}_{i=1}^{k−1}, c_i ← 0
X* ← ∅
for x ∈ 𝔻 do
    Update(x)
return X*
```

Принцип роботи алгоритму Frequent схожий на алгоритм Majority з умовою, що важковаговики зустрічаються більше ніж $\frac{n}{k}$ разів.

**Приклад 4.4:** Пошук важковаговиків з алгоритмом Frequent

Розглянемо потік даних з $n = 18$ елементів:

$$\{4, 4, 4, 4, 6, 2, 3, 5, 4, 4, 3, 3, 4, 2, 3, 3, 3, 2\}.$$

Щоб знайти важковаговики, які зустрічаються в потоці даних щонайменше $\frac{n}{3} = 6$ разів, створимо структуру даних FREQUENT з $p = 2$ лічильників і скористаємось Алгоритмом 4.4 для визначення до двох із трьох можливих важковаговиків.

| | 1 | 2 |
|---|---|---|
| X* | | |
| C | 0 | 0 |

Розпочнемо з елемента 4. Оскільки він не входить до X* і в структурі даних немає ніяких елементів, ми просто додаємо елемент 4 до множини відстежуваних елементів і збільшуємо пов'язаний лічильник $c_1 = 1$.

| | 1 | 2 |
|---|---|---|
| X* | 4 | |
| C | 1 | 0 |

Подібним чином ми обробляємо наступні три елементи, які також дорівнюють 4. Оскільки такий елемент вже присутній у X*, ми просто збільшуємо його лічильник $c_1$.

| | 1 | 2 |
|---|---|---|
| X* | 4 | |
| C | 4 | 0 |

Наступним елементом буде 6, який поки що не відстежується. Оскільки в множині X* є місце, ми додаємо в неї елемент 6 і встановлюємо лічильник $c_2 = 1$.

| | 1 | 2 |
|---|---|---|
| X* | 4 | 6 |
| C | 4 | 1 |

Далі йде елемент 2, який також відсутній у X*, однак у нас більше немає місця і ми не можемо його додати. Тому ми зменшуємо лічильники всіх елементів, що знаходяться в X*. Згідно з Алгоритмом 4.4 нам також необхідно видалити з множини елементи, лічильники яких дорівнюють нулю. У нашому прикладі це елемент 6, який, відповідно, видаляється з множини.

| | 1 | 2 |
|---|---|---|
| X* | 4 | |
| C | 3 | 0 |

Далі беремо елемент 3 із потоку даних. Цього елемента немає в $X^*$, і оскільки в множині відстежуваних елементів є вільне місце, ми просто додаємо цей елемент і встановлюємо відповідний лічильник $c_2 = 1$.

| | 1 | 2 |
|---|---|---|
| X* | 4 | 3 |
| C | 3 | 1 |

Дотримуючись аналогічних дій, обробляємо всі елементи, що залишилися, й отримуємо кінцеву структуру даних:

| | 1 | 2 |
|---|---|---|
| X* | 4 | 3 |
| C | 3 | 3 |

Таким чином, важковаговиками, знайденими згідно з алгоритмом Frequent, є елементи 4 і 3. Однак отримані лічильники не відображають реальні частоти цих елементів у потоці даних, як ми вже зазначали для алгоритму Majority.

## Властивості

В оригінальній праці Місра і Гріс використовували збалансовані дерева пошуку для представлення структури даних Frequent, однак сучасні дослідники вважають за краще реалізовувати її у вигляді словника, використовуючи хеш-таблиці.

Витрати часу алгоритму в основному залежать від $O(1)$ словникових операцій на оновлення і витрат на зменшення лічильників. Для оптимізації швидкості алгоритму всі лічильники можуть бути зменшені одночасно за постійний час шляхом впорядкування їх у порядку зменшення та застосування методу *дельта-кодування*, зберігаючи тільки інформацію про те, наскільки більшим є конкретний лічильник порівняно з наступним за ним. Мінімізація значних змін у даному порядку при збільшенні та зменшенні лічильника означає, що всі однакові лічильники можуть бути згруповані. З такою оптимізованою структурою даних кожен лічильник більше не повинен зберігати значення, а скоріше його групу. Таким чином, алгоритм Frequent може бути модифікований для виконання за час $O(1)$.

Насправді, навіть без будь-якого ймовірнісного підходу, розглянутий вище алгоритм видає до $k-1$ кандидатів для задачі пошуку важковаговиків. Однак він орієнтований на визначення високочастотних елементів без оцінювання їхніх частот, тому для оцінювання частот елементів потрібен другий прохід через потік даних, що нездійсненно в більшості випадків роботи з величезними потоками даних.

У наступних розділах ми продовжимо вивчення методів розв'язання частотних задач і познайомимося з ефективними ймовірнісними структурами даних, які застосовуються при обробці даних в режимі потоку.

## 4.3 Count Sketch

Ефективний алгоритм розв'язання задач оцінювання частот елементів у потоці даних — алгоритм *CountSketch*, був запропонований Мозесом Чарікаром, Кевіном Ченом і Мартіном Фарахом-Колтоном у 2002 році [Ch02]. Алгоритм дає змогу вести приблизні підрахунки високочастотних елементів у потоці даних із використанням простої та компактної структури даних.

Для кращого розуміння проблеми, яку розв'язує Count Sketch, зазначимо, що ідея фільтра Counting Bloom також може бути використана для обчислення частот елементів у потоці даних, однак цього недостатньо для побудови точних оцінок частоти.

Розглянемо структуру даних з масивом $\mathrm{C} = \{c^i\}_{i=1}^m$ із $m$ лічильників і $p$ хеш-функцій $h_1, h_2, \ldots, h_p$ зі значеннями з $\{1, 2, \ldots, m\}$. Індексація елемента $x$ у таку структуру даних, як і у фільтрі Counting Bloom, включає обчислення $\{h_j(x)\}_{j=1}^p$ і збільшення відповідних лічильників $c^{h_j(x)}, j = 1 \ldots p$.

Для отримання частоти елемента $x$ ми обчислюємо значення кожної хеш-функції і беремо значення відповідних лічильників $c^1, c^2, \ldots, c^m$, що відіграють роль оцінок частоти. Однак, оскільки лічильники ніколи не зменшуються, а всі хеш-функції використовують один і той самий масив лічильників, очевидно, що такі оцінки будуть перевищувати справжню частоту $f(x)$ елемента:

$$f(x) \leq c^i, i = 1 \ldots m,$$

де нерівність — результат можливих колізій, коли різні елементи оновлюють одні й ті ж самі лічильники. Іншими словами, одностороння помилка, характерна для наших оцінок, робить їх усіх оцінками зверху.

Ідея Count Sketch полягає в тому, щоб вирішити цю проблему шляхом побудови оцінок знизу, разом з оцінками зверху. Для запобігання ситуацій, коли колізії з високочастотними елементами псують більшість оцінок низькочастотних елементів, потрібне введення випадкового "перемикача", який вирішує, коли зменшувати лічильник, а коли його збільшувати. Для зменшення дисперсії додатково береться медіана цих оцінок.

Структура даних CountSketch призначена для зберігання частот $m$ високочастотних елементів і складається з масиву $p \times m$ лічильників $\{c_j^i\}$, який можна розглядати як масив $p$ хеш-таблиць, кожна з $m$ відер. Крім того, використовується $p$ хеш-функцій $h_1, h_2, \ldots, h_p$, що відображають елементи на $\{1, 2, \ldots, m\}$, та $p$ хеш-функцій $s_1, s_2, \ldots, s_p$ зі значеннями з $\{+1, -1\}$ (перемикачі), які задають напрямок оновлення лічильників для підтримки апроксимації по обидва боки істинного значення частоти. Передбачається, що хеш-функції $h_i$ і $s_i$ попарно незалежні й не залежать одна від одної.

Така структура даних дає змогу оновлювати лічильники для кожного проіндексованого елемента й оцінює кількість разів, скільки елемент зустрічався в минулому, що й використовується як оцінка частоти елемента. Щоразу, коли ми індексуємо новий елемент $x$, лічильники $c_j^{h_j(x)}$ для кожного рядка $j$ такої структури можуть бути або збільшені, або зменшені, ґрунтуючись на значеннях перемикача

$s_j(x)$. Тому можливо, що лічильники як переоцінюють частоту елемента $x$, так і недооцінюють її.

**Алгоритм 4.5:** Оновлення CountSketch

```
Input: Елемент x ∈ D
Input: CountSketch з p × m лічильниками
for j ← 1 to p do
    i ← h_j(x)
    c_j^i ← c_j^i + s_j(x) · 1
```

Припускаючи, що кожна хеш-функція $\{h_j\}_{j=1}^{p}$ і $\{s_j\}_{j=1}^{p}$ може бути обчислена за постійний час, час роботи процедури оновлення **Update**, заданої Алгоритмом 4.5, становить $O(p)$.

**Приклад 4.5:** Побудова CountSketch

Розглянемо набір даних з $n = 18$ елементів:

$$\{4, 4, 4, 4, 2, 3, 5, 4, 6, 4, 3, 3, 4, 2, 3, 3, 3, 2\}.$$

Побудуємо структуру даних CountSketch з $m = 5$ лічильників, використовуючи $p = 3$ хеш-функції на основі MurmurHash3, FNV1a і MD5, що визначають вибір лічильників для оновлення:

$$h_1(x) := \text{MurmurHash3}(x) \bmod 5 + 1,$$
$$h_2(x) := \text{FNV1a}(x) \bmod 5 + 1,$$
$$h_3(x) := \text{MD5}(x) \bmod 5 + 1,$$

і три хеш-функції для визначення напрямку їхньої зміни:

$$s_1(x) := \text{MurmurHash3}(x) \bmod 2 \ ? -1 : 1,$$
$$s_2(x) := \text{FNV1a}(x) \bmod 2 \ ? -1 : 1,$$
$$s_3(x) := \text{MD5}(x) \bmod 2 \ ? -1 : 1.$$

Спочатку структура даних CountSketch складається з нулів:

| | 1 | 2 | 3 | 4 | 5 |
|---|---|---|---|---|---|
| $h_1$ | 0 | 0 | 0 | 0 | 0 |
| $h_2$ | 0 | 0 | 0 | 0 | 0 |
| $h_3$ | 0 | 0 | 0 | 0 | 0 |

Обробляємо наш набір даних, починаючи з елемента 4. Відповідно до Алгоритму 4.5, спочатку обчислюємо його хеш-значення $h_1(4)$, $h_2(4)$ і $h_3(4)$ та визначаємо індекси лічильників для оновлення:

$$i_1 = h_1(4) = 3,\ i_2 = h_2(4) = 3,\ i_3 = h_2(4) = 1.$$

У цьому випадку дві хеш-функції видають однакові значення, але оскільки ми маємо окремі списки лічильників для кожної хеш-функції, це не є проблемою. Для визначення напрямку змін обчислюємо хеш-значення $s_1(4)$, $s_2(4)$ і $s_3(4)$:

$$s_1(4) = 1,\ s_2(4) = 1,\ s_3(4) = -1.$$

Таким чином, ми збільшуємо лічильники $c_1^3$ і $c_2^3$, одночасно зменшуючи лічильник $c_3^1$. Як наслідок, структура даних CountSketch набуває такого вигляду:

| | 1 | 2 | 3 | 4 | 5 |
|---|---|---|---|---|---|
| $h_1$ | 0 | 0 | 1 | 0 | 0 |
| $h_2$ | 0 | 0 | 1 | 0 | 0 |
| $h_3$ | -1 | 0 | 0 | 0 | 0 |

Наступні три елементи теж дорівнюють 4, тому ми збільшуємо або зменшуємо ті ж самі лічильники ще тричі:

| | 1 | 2 | 3 | 4 | 5 |
|---|---|---|---|---|---|
| $h_1$ | 0 | 0 | 4 | 0 | 0 |
| $h_2$ | 0 | 0 | 4 | 0 | 0 |
| $h_3$ | -4 | 0 | 0 | 0 | 0 |

Далі йде елемент 2 з індексами $i_1 = 3$, $i_2 = 2$ і $i_3 = 3$. Значення хеш-функцій напрямків $s_1(2) = 1$, $s_2(2) = 1$ і $s_3(2) = -1$, тож збільшуємо лічильники $c_1^3$ та $c_2^2$ і зменшуємо $c_3^3$.

Зверніть увагу, що відбувається колізія і елемент 2 змінює (в тому ж напрямку) лічильник, який використовується елементом 4. Через це значення в лічильнику $c_1^3$ перевищує істинне значення для обох елементів.

| | 1 | 2 | 3 | 4 | 5 |
|---|---|---|---|---|---|
| $h_1$ | 0 | 0 | 5 | 0 | 0 |
| $h_2$ | 0 | 1 | 4 | 0 | 0 |
| $h_3$ | -4 | 0 | -1 | 0 | 0 |

У такий самий спосіб ми обробляємо всі елементи, що залишилися. Для елемента 3 зменшуємо лічильники $c_1^1$ і $c_2^3$ і збільшуємо лічильник $c_3^4$; для елемента 5 зменшуємо лічильники $c_1^3$ і $c_2^4$ і збільшуємо $c_3^4$; для елемента 6 зменшуємо лічильники $c_1^4$ і $c_3^3$ і збільшуємо $c_2^1$.

Зрештою CountSketch має такий вигляд:

| | 1 | 2 | 3 | 4 | 5 |
|---|---|---|---|---|---|
| $h_1$ | -6 | 0 | 9 | -1 | 0 |
| $h_2$ | 1 | 3 | 1 | -1 | 0 |
| $h_3$ | -7 | 0 | -4 | 7 | 0 |

З теорії ймовірностей відомо, що звичайна процедура побудови найкращих наближень із низки випадково розподілених випробувань полягає у використанні середнього та медіани. Алгоритм оцінки частоти за допомогою Count Sketch використовує медіану для обчислення наближення частоти елемента в потоці даних.

Кожен елемент потоку даних обробляється за допомогою хеш-функцій, які визначають відповідні лічильники та напрямки їх оновлення. Далі, для кожного лічиника обчислюється оцінка частоти $\hat{f}_j$ як величина лічильника зі знаком, що заданий відповідною функцією напрямку. Після цього обчислюється медіана цих оцінок, яка і використовується як фінальна оцінка частоти елемента. Через використання медіани, алгоритм стає менш чутливим до викидів та дозволяє забезпечити більш точні результати.

**Алгоритм 4.6:** Оцінка частоти з Count Sketch

```
Input: Елемент x ∈ D
Input: CountSketch з p × m лічильниками
Output: Оцінка частоти
f̂ := {f̂_j}_{i=1}^p
for j ← 1 to p do
    i ← h_j(x)
    f̂_j ← s_j(x) · c_j^i
return median(f̂_1, f̂_2, ..., f̂_p)
```

**Приклад 4.6:** Оцінка частоти з Count Sketch

Розглянемо структуру даних із Прикладу 4.5:

| | 1 | 2 | 3 | 4 | 5 |
|---|---|---|---|---|---|
| $h_1$ | -6 | 0 | 9 | -1 | 0 |
| $h_2$ | 1 | 3 | 1 | -1 | 0 |
| $h_3$ | -7 | 0 | -4 | 7 | 0 |

Оцінимо частоту елемента 4, якому відповідають лічильники $c_1^3$, $c_2^3$ і $c_3^1$, напрямки оновлення $s_1(4) = 1$, $s_2(4) = 1$ і $s_3(4) = -1$, як ми визначили раніше. Використовуючи Алгоритм 4.6, як оцінку обчислюємо медіану зважених значень цих лічильників:

$$\hat{f} = \text{median}(s_1(4) \cdot c_1^3, s_2(4) \cdot c_2^3, s_3(4) \cdot c_3^1) = \text{median}(9, 1, 7) = 7.$$

Таким чином, оціночна частота елемента 4 дорівнює 7, що також є істинним значенням для даного набору даних.

Тепер розглянемо елемент 2 з відповідними лічильниками $c_1^3$, $c_2^2$ і $c_3^3$ і значеннями хеш-функцій напрямку $s_1(2) = 1$, $s_2(2) = 1$ і $s_3(2) = -1$. Отже, оцінка частоти для елемента 2 має вигляд:

$$\hat{f} = \text{median}(s_1(2) \cdot c_1^3, s_2(2) \cdot c_2^2, s_3(2) \cdot c_3^3) = \text{median}(9, 3, 4) = 4,$$

що завищує реальне значення, рівне 3.

Час роботи процедури **Frequency**, заданої Алгоритмом 4.6, для кожного елемента становить $O(p)$. Водночас для знаходження медіани з $p$ елементів, використовуючи один з алгоритмів вибору, необхідний деякий лінійний час. У підсумку загальний час запиту становить $O(p)$.

Алгоритм Count Sketch можна застосувати і для пошуку $k$ найпоширеніших елементів.

За один прохід через потік даних, на додачу до базового $p \times m$ масиву лічильників і хеш-функцій $\{h_j\}_{j=1}^p$ і $\{s_j\}_{j=1}^p$, ми вводимо множину $X^*$ з $k$ відстежуваних елементів. Як і раніше, кожен елемент $x$ із потоку даних індексується в структуру даних CountSketch відповідно до Алгоритму 4.5. Тоді, якщо елемента немає у множині $X^*$ і є можливість його додати, ми вносимо його до списку відстежуваних елементів. У протилежному випадку оцінюємо частоту за допомогою

Алгоритму 4.6, і якщо вона перевищує значення найменшого лічильника в множині, додаємо елемент $x$ до $X^*$, водночас видаляючи з неї елемент із найменшою частотою.

**Алгоритм 4.7:** Пошук найпоширеніших елементів

```
Input: Елемент x ∈ 𝔻
Input: CountSketch з p × m лічильниками
Output: Найпоширеніші елементи
X* ← ∅
for x ∈ 𝔻 do
    Update(x)
    if x ∈ X* then
        continue
    if |X*| < k then
        X* ← X* ∪ {x}
    else
        f̂ ← Frequency(x)
        (x*_min, f̂*_min) ← min_{x*∈X*} (Frequency(x*))
        if f̂ > f̂*_min then
            X* ← X* ∪ {x} \ {x*_min}
return X*
```

**Приклад 4.7:** Пошук найпоширеніших елементів

Розглянемо ту ж саму постановку задачі, що й у Прикладі 4.5, і знайдемо $k = 3$ найпоширеніших елементів в наборі даних:

$$\{4, 4, 4, 4, 2, 3, 5, 4, 6, 4, 3, 3, 4, 2, 3, 3, 3, 2\}.$$

Згідно з Алгоритмом 4.7, додатково до структури даних CountSketch ми вводимо множину $X^*$ для відстеження кандидатів у найпоширеніші елементи.

Розпочинаємо обробляти набір даних, першим елементом є 4 і, як ми вже знаємо з Прикладу 4.5, необхідно збільшити лічильники $c_1^3$ і $c_2^3$, одночасно зменшивши лічильник $c_3^1$.

| | 1 | 2 | 3 | 4 | 5 |
|---|---|---|---|---|---|
| $h_1$ | 0 | 0 | 1 | 0 | 0 |
| $h_2$ | 0 | 0 | 1 | 0 | 0 |
| $h_3$ | -1 | 0 | 0 | 0 | 0 |

Множина $X^*$ порожня, тому ми безперешкодно додаємо в неї елемент 4: $X^* = [4]$.

Наступні три елементи в потоці даних також дорівнюють 4, тому ми індексуємо їх у структуру даних без будь-яких змін у $X^*$.

| | 1 | 2 | 3 | 4 | 5 |
|---|---|---|---|---|---|
| $h_1$ | 0 | 0 | 4 | 0 | 0 |
| $h_2$ | 0 | 0 | 4 | 0 | 0 |
| $h_3$ | -4 | 0 | 0 | 0 | 0 |

Слідом йде елемент 2 і, як ми з'ясували раніше, нам потрібно збільшити лічильники $c_1^3$ і $c_2^2$ і зменшити $c_3^3$. Цей елемент не входить до множини відстежуваних кандидатів, і оскільки $X^*$ має достатню ємність, ми додаємо в неї елемент 2: $X^* = [4, 2]$.

| | 1 | 2 | 3 | 4 | 5 |
|---|---|---|---|---|---|
| $h_1$ | 0 | 0 | 5 | 0 | 0 |
| $h_2$ | 0 | 1 | 4 | 0 | 0 |
| $h_3$ | -4 | 0 | -1 | 0 | 0 |

Наступний елемент — 3, індексуючи який у CountSketch, ми зменшуємо лічильники $c_1^1$ і $c_2^3$ та збільшуємо лічильник $c_3^4$. Оскільки множина $X^*$ містить тільки два елементи з трьох можливих, додаємо в неї елемент 3: $X^* = [4, 2, 3]$.

| | 1 | 2 | 3 | 4 | 5 |
|---|---|---|---|---|---|
| $h_1$ | -1 | 0 | 5 | 0 | 0 |
| $h_2$ | 0 | 1 | 3 | 0 | 0 |
| $h_3$ | -4 | 0 | -1 | 1 | 0 |

Далі беремо елемент 5 із набору й оновлюємо структуру даних, зменшуючи лічильники $c_1^3$ і $c_2^4$ та збільшуючи $c_3^4$.

| | 1 | 2 | 3 | 4 | 5 |
|---|---|---|---|---|---|
| $h_1$ | -1 | 0 | 4 | 0 | 0 |
| $h_2$ | 0 | 1 | 3 | -1 | 0 |
| $h_3$ | -4 | 0 | -1 | 2 | 0 |

Елемент 5 не входить до множини X*, яка вже досягла своєї максимальної місткості з $k = 3$ відстежуваних елементів. Тому нам необхідно оцінити частоти елементів у множині та самого елемента 5, використовуючи Алгоритм 4.6 для наявної структури даних CountSketch:

$$\hat{f}(5) = \text{median}(-c_1^3, -c_2^4, c_3^4) = \text{median}(-4, 1, 2) = 1,$$
$$\hat{f}(4) = \text{median}(c_1^3, c_2^3, -c_3^1) = \text{median}(4, 3, 4) = 4,$$
$$\hat{f}(2) = \text{median}(c_1^3, c_2^2, -c_3^3) = \text{median}(4, 1, 1) = 1,$$
$$\hat{f}(3) = \text{median}(-c_1^1, -c_2^3, c_3^4) = \text{median}(1, -3, 2) = 1.$$

Як бачимо, оцінка частоти поточного елемента 5 не перевищує мінімальну частоту елементів із множини відстежуваних елементів, тому немає необхідності вносити в неї зміни: $X^* = [4, 2, 3]$.

Подібним чином ми обробляємо решту елементів із набору даних. Після обробки останнього з них структура даних CountSketch має такий вигляд:

| | 1 | 2 | 3 | 4 | 5 |
|---|---|---|---|---|---|
| $h_1$ | -6 | 0 | 9 | -1 | 0 |
| $h_2$ | 1 | 3 | 1 | -1 | 0 |
| $h_3$ | -7 | 0 | -4 | 7 | 0 |

У результаті, множина з трьох найпоширеніших елементів має вигляд:

$$X^* = [4, 2, 3].$$

Звернемо увагу, що найпоширеніші елементи в X* не впорядковані, але для оцінювання їхніх частот так само можна скористатися Алгоритмом 4.6.

У такий самий спосіб можна застосувати алгоритм Count Sketch і до розв'язання задачі пошуку важковаговиків у потоці.

**Алгоритм 4.8:** Пошук важковаговиків з Count Sketch

```
Input: Потік даних 𝔻
Input: CountSketch з p × m лічильниками
Output: Елементи-важковаговики
N ← 0, X* ← ∅
for x ∈ 𝔻 do
    N ← N + 1
    Update(x)
    f̂ ← Frequency(x)
    f* ← N/k
    if f̂ ≥ f* then
        X* ← X* ∪ {(x, f)}
    for (x*, f̂) ∈ X* do
        if f̂ ≤ f* then
            X* ← X* \ {(x*, f̂)}
return X*
```

Додатково до вже описаної множини відстежуваних кандидатів $X^*$, для пошуку $k$ важковаговиків введемо лічильник N, що підраховує кількість проіндексованих елементів. Під час індексації чергового елемента $x$ із потоку даних ми також обчислюємо поточне порогове значення частоти $f^* = \frac{N}{k}$, і якщо оцінка частоти елемента вища від порогового значення, ми додаємо його до множини $X^*$ як потенційного кандидата у важковаговики. Крім того, на кожному кроці ми видаляємо з множини елементи, чия збережена частота нижча за поточне порогове значення $f^*$.

Алгоритм Count Sketch може бути застосовано і для розв'язання *задачі пошуку елементів з найбільшою зміною частоти.* Маючи потоки даних двох порівнюваних періодів, ми будуємо структуру даних CountSketch для кожного з них і множину $X^*$ з $k$ відстежуваних елементів. Для кожного нового елемента оцінюємо його частоту за допомогою Алгоритму 4.6 та, за необхідностю, оновлюємо множину $X^*$, зберігаючи тільки $k$ елементів із найбільшими значеннями зміни частоти.

### Властивості

Алгоритм Count Sketch дає гарантію, що помилка оцінювання частот не перевищує $\varepsilon \cdot n$ з ймовірністю не менше $1 - \delta$. Зазначимо, що збільшення числа хеш-функцій $p$ зменшує ймовірність поганого оцінювання, і для бажаної стандартної помилки $\delta$ рекомендація щодо числа хеш-функцій, які відповідають рядкам у CountSketch, є:

$$p = \left\lceil \ln \frac{1}{\delta} \right\rceil. \tag{4.1}$$

Чим більше $m$, тим менша ймовірність колізій, що означає меншу помилку оцінки $\varepsilon \cdot n$. Водночас за більшого $p$ для обчислення остаточного значення використовується більша кількість оцінок, що робить його більш надійним.

Рекомендація щодо кількості лічильників $m$ така:

$$m \approx \left\lceil \frac{2.71828}{\varepsilon^2} \right\rceil. \tag{4.2}$$

Загальний простір, який займає структура CountSketch, становить $O(m \cdot p + 2p)$, оскільки необхідно зберігати матрицю підрахунку розміром $p \times m$ і два хеш-значення на рядок.

Якщо дві структури даних CountSketch мають однаковий розмір $m$, їх можна легко об'єднувати і віднімати одна від одної, що корисно для розподіленої обробки потоків.

Існують реалізації Count Sketch для Apache Hive та інших систем зберігання даних, але сучасні застосунки вважають за краще використовувати його наступника, алгоритм Count–Min Sketch, адже він потребує менше пам'яті та часу виконання.

## 4.4 Count–Min Sketch

*Count–Min Sketch* — це сучасний алгоритм розв'язання задачі пошуку важковаговиків і оцінки частот елементів у потоках даних, запропонований у 2003 році [Co03] Гремом Кормодом і Шаном Мутукрішнаном і опублікований у 2005 році [Co05].

Як ми побачили в попередньому розділі на прикладі Count Sketch, основною перешкодою для безпосереднього використання фільтра Counting Bloom у задачах оцінювання частоти є те, що він має один масив лічильників для всіх хеш-функцій, а отже, страждає від усіляких колізій. Імовірність зіткнень хешів майже не впливає на якість оцінки, однак вони призводять до завищених значень лічильників. Коли ж кількість елементів у потоці даних величезна, колізії з високочастотними елементами майже напевно відбудуться, що робить таку апроксимацію марною через значне завищення практично всіх лічильників.

Розглядаючи цю проблему як нестачу високо достовірних оцінок для обчислення частоти з достатньою точністю, алгоритм Count–Min Sketch замінює єдиний масив $m$ лічильників на хеш-таблицю з $p$ масивів $m$ лічильників і, замість оновлення кожного лічильника кожним елементом, дає змогу елементам оновлювати різні підмножини лічильників, по одній в хеш-таблиці.

Метою вибору значення $m$ є стиснення потоку даних $\mathbb{D} = \{x_1, x_2, \ldots, x_n\}$, а оскільки $m \ll n$, то це стиснення з "втратами", що, звісно ж, призводить до помилок. Для зменшення таких помилок, імітується безліч незалежних випробувань шляхом використання $p$ хеш-функцій і виділених масивів з $m$ лічильників.

В основі алгоритму лежить компактна структура даних CMSketch, що складається з $p \times m$ масиву лічильників $\{c_j^i\}$, де $p$ — число попарно незалежних хеш-функцій $h_1, h_2, \ldots, h_p$ зі значеннями в діапазоні $\{1, 2, \ldots, m\}$. CMSketch дає змогу індексувати елементи з потоку даних і забезпечує оновлення лічильників, що дозволяє оцінити, скільки разів той чи інший елемент зустрічався в потоці.

Важливою властивістю CMSketch є те, що параметри $m$ і $p$ обираються незалежно від загального числа елементів $n$, яке величезне.

**Алгоритм 4.9:** Оновлення Count–Min Sketch

```
Input: Елемент x ∈ D
Input: CMSketch з p × m лічильниками
for j ← 1 to p do
    i ← h_j(x)
    c_j^i ← c_j^i + 1
```

Припускаючи, що кожна хеш-функція $\{h_j\}_{j=1}^{p}$ може бути обчислена за постійний час, час роботи процедури оновлення **Update**, заданої Алгоритмом 4.9, становить $O(p)$.

**Приклад 4.8:** Побудова Count–Min Sketch

Знову повернемося до набору даних із Прикладу 4.5 з $n = 18$ елементами:

$$\{4, 4, 4, 4, 2, 3, 5, 4, 6, 4, 3, 3, 4, 2, 3, 3, 3, 2\},$$

і побудуємо структуру даних CMSketch з $m = 4$ лічильників, використовуючи $p = 2$ хеш-функції на основі MurmurHash3 і FNV1a:

$$h_1(x) := \text{MurmurHash3}(x) \bmod 4 + 1,$$
$$h_2(x) := \text{FNV1a}(x) \bmod 4 + 1.$$

Спочатку всі лічильники мають нульові значення:

| | 1 | 2 | 3 | 4 |
|---|---|---|---|---|
| $h_1$ | 0 | 0 | 0 | 0 |
| $h_2$ | 0 | 0 | 0 | 0 |

Починаємо вилучати елементи з набору даних. Першим елементом є 4 і, відповідно до Алгоритму 4.9, обчислюємо його хеш-значення і визначаємо індекси лічильників для оновлення:

$$i_1 = h_1(4) = 4,$$
$$i_2 = h_2(4) = 4.$$

Зверніть увагу, що обидві хеш-функції видають одне й те саме значення, але оскільки у нас окремі масиви лічильників для кожної хеш-функції, це не створює проблем. Збільшуємо лічильники $c_1^4$ і $c_2^4$, і CMSketch виглядає наступним чином:

| | 1 | 2 | 3 | 4 |
|---|---|---|---|---|
| $h_1$ | 0 | 0 | 0 | 1 |
| $h_2$ | 0 | 0 | 0 | 1 |

Наступні три елементи дорівнюють 4 і ми оновлюємо ті самі лічильники:

| | 1 | 2 | 3 | 4 |
|---|---|---|---|---|
| $h_1$ | 0 | 0 | 0 | 4 |
| $h_2$ | 0 | 0 | 0 | 4 |

Наступний елемент у наборі даних — це 2 і йому відповідають індекси $i_1 = 4$ і $i_2 = 1$, тому ми збільшуємо лічильники $c_1^4$ і $c_2^1$. Як видно, відбувається м'яка колізія, внаслідок чого елемент 2 змінює лічильник, який використовується елементом 4. Через це значення лічильника $c_1^4$ завищує істинне значення для обох елементів.

| | 1 | 2 | 3 | 4 |
|---|---|---|---|---|
| $h_1$ | 0 | 0 | 0 | 5 |
| $h_2$ | 1 | 0 | 0 | 4 |

Подібним чином обробляємо решту елементів і оновлюємо лічильники $c_1^1$ і $c_2^3$ для елемента 3, лічильники $c_1^1$ і $c_2^1$ для елемента 5, і $c_1^1$ і $c_2^2$ для елемента 6. Зверніть увагу, що в результаті колізії для елемента 6, оновлюються лічильники, які використовуються іншими елементами, тому можна очікувати завищені значення.

Остаточна структура даних CMSKETCH має такий вигляд:

| | 1 | 2 | 3 | 4 |
|---|---|---|---|---|
| $h_1$ | 8 | 0 | 0 | 10 |
| $h_2$ | 1 | 4 | 6 | 7 |

Щоразу під час індексації елемента $x$ одні й ті самі лічильники $c_j^{h_j(x)}$ збільшуються в кожному рядку $j$ структури даних, і оскільки вони ніколи не зменшуються, то дають оцінку зверху для значень частот проіндексованих елементів:

$$f(x) \leq c_j^{h_j(x)}, j = 1, 2, \ldots, p.$$

Хоча лічильники не можуть недооцінювати істинну частоту $f(x)$, вони зазвичай переоцінюють її через те, що $m \ll n$ і можлива велика кількість колізій, за яких індексація деякого елемента $y$ в CMSKETCH збільшує лічильник для іншого елемента $x$ ($h_j(x) = h_j(y)$ для $x \neq y$).

Як результат, існує $p$ оцінок, які страждають від односторонньої помилки (усі вони є завищеними оцінками істинного значення). Звичайною процедурою побудови найкращого наближення з кількох оцінок є усереднення, але така помилка може зробити оцінку ще гіршою. Очевидно, що найкраща оцінка в цьому випадку — найменша.

**Алгоритм 4.10:** Оцінка частоти з Count–Min Sketch

```
Input: Елемент x ∈ 𝔻
Input: CMSketch з p × m лічильниками
Output: Оцінка частоти
f̂ := {f̂_j}_{i=1}^p
for j ← 1 to p do
    i ← h_j(x)
    f̂_j ← c_j^i
return min(f̂_1, f̂_2, ..., f̂_p)
```

Мінімум з $p$ елементів може бути знайдений за лінійний час, і тому час роботи процедури оцінювання частоти **Frequency**, заданої Алгоритмом 4.10, дорівнює $O(p)$, як і для **Update**.

**Приклад 4.9:** Оцінка частоти з Count-Min Sketch

Розглянемо структуру даних CMSketch з Прикладу 4.9:

| | 1 | 2 | 3 | 4 |
|---|---|---|---|---|
| $h_1$ | 8 | 0 | 0 | 10 |
| $h_2$ | 1 | 4 | 6 | 7 |

Оцінимо частоту елемента 4, якому відповідають лічильники $c_1^4$ і $c_2^4$, як ми встановили раніше. Використовуючи Алгоритм 4.10, обчислимо мінімальне значення цих лічильників у якості оцінки:

$$\hat{f} = \min(c_1^4, c_2^4) = \min(10, 7) = 7.$$

Таким чином, оціночна частота елемента 4 дорівнює 7, що також є істинним значенням для цього набору даних.

Тепер розглянемо елемент 6 з відповідними лічильниками $c_1^1$ і $c_2^2$. Як ми вже зазначали в Прикладі 4.9, вони обидва також використовуються іншими елементами через колізії. Таким чином, оцінка частоти для елемента 6 має вигляд:

$$\hat{f} = \min(c_1^1, c_2^2) = \min(8, 4) = 4,$$

що значно завищує істинне значення, рівне 1. Якщо ми захочемо підтримувати більш високу точність і зробити такі колізії більш рідкісними, необхідно використовувати більше хеш-функцій і лічильників, що збільшить час обчислень і обсяг необхідної пам'яті.

Маючи можливість оцінити частоти елементів, алгоритм Count–Min Sketch дає змогу визначити найпоширеніші елементи. Подібно до Count Sketch, найпростіший підхід вимагає ведення множини $k$ відстежуваних кандидатів $\mathrm{X}^*$ додатково до основної структури даних CMSketch. Як і в базовому алгоритмі, ми обробляємо потік даних і оновлюємо відповідні лічильники в структурі даних CMSketch, керуючись Алгоритмом 4.9. Далі, якщо елемент не входить до множини $\mathrm{X}^*$, яка все ще містить менше $k$ елементів, ми просто додаємо його. Однак якщо множина вже повністю заповнена, ми додаємо поточний елемент тільки тоді, коли його оціночна частота перевищує мінімальну частоту в множині $\mathrm{X}^*$, замінюючи ним елемент із найменшою частотою. У підсумку, елементи, що залишилися в $\mathrm{X}^*$, вважаються найпоширенішими елементами у всьому потоці даних.

Аналогічним чином структура даних CMSketch може розв'язати і задачу пошуку важковаговиків, описану раніше. За один прохід через потік даних, додатково до звичайного $p \times m$ масиву лічильників C і $p$ хеш-функціям, ми виділяємо один лічильник N, що зберігає кількість елементів, оброблених нами на даний момент, і вводимо множину $\mathrm{X}^*$, яка містить до $k$ потенційних елементів-важковаговиків. Щоразу для визначення того, чи є оброблюваний елемент потенційним кандидатом у важковаговики, ми використовуємо порогове значення частоти $f^* = \frac{\mathrm{N}}{k}$. Для кожного елемента $x$ з потоку даних виконуємо процедуру оновлення з подальшою оцінкою частоти згідно з Алгоритмом 4.10, і якщо $\hat{f}(x) \geq f^*$, то елемент кваліфікується як кандидат. Якщо елемент ще не перебуває в множині відстежуваних елементів $\mathrm{X}^*$, ми зберігаємо його та його частоту, в іншому разі — оновлюємо збережену частоту новим значенням. Зазначимо, що на кожному кроці лічильник N збільшується, а з його зростанням оціночна частота для деяких елементів у множині $X^*$ може стати меншою за $f^*$, тому такі елементи потрібно видалити з множини. За визначенням, у потоці даних існує не більше $k$ важковаговиків. Наприкінці обробки всі елементи в $X^*$ вважаються важковаговиками.

**Алгоритм 4.11:** Пошук важковаговиків з Count–Min Sketch

```
Input: Потік даних 𝔻
Input: CMSketch з p × m лічильниками
Output: Елементи-важковаговики
N ← 0, X* ← ∅
for x ∈ 𝔻 do
    N ← N + 1
    Update(x)
    f̂ ← Frequency(x)
    f* ← N/k
    if f̂ ≥ f* then
        X* ← X* ∪ {(x, f)}
    for (x*, f̂) ∈ X* do
        if f̂ ≤ f* then
            X* ← X* \ {(x*, f̂)}
return X*
```

Утримання множини відстежуваних елементів для ε–задачі пошуку важковаговиків з $\varepsilon = \frac{1}{2k}$ вимагає $O(\log \frac{1}{\varepsilon})$ додаткових зусиль на кожен елемент.

**Приклад 4.10:** Важковаговики з Count–Min Sketch

Розглянемо ситуацію, описану в Прикладі 4.9, і виконаємо пошук $k = 3$ важковаговиків під час оброблення набору даних

$$\{4, 4, 4, 4, 2, 3, 5, 4, 6, 4, 3, 3, 4, 2, 3, 3, 3, 2\}.$$

Відповідно до Алгоритму 4.11, додатково до структури даних CMSketch ми вводимо лічильник N оброблених елементів і множину $X^*$, що зберігає до $k$ кандидатів у важковаговики. Опустимо подробиці оновлення лічильників і оцінки частоти, оскільки ці кроки аналогічні розглянутим у прикладах раніше.

Починаємо обробляти набір даних, і першим елементом є 4, тому ми збільшуємо відповідні лічильники $c_1^4$ і $c_2^4$.

| | 1 | 2 | 3 | 4 |
|---|---|---|---|---|
| $h_1$ | 0 | 0 | 0 | 1 |
| $h_2$ | 0 | 0 | 0 | 1 |

Ми обробили $\mathrm{N} = 1$ елемент, тому порогове значення $f^*$ для множини $\mathrm{X}^*$ дорівнює $\frac{1}{3}$. Оцінка частоти для елемента 4 з CMSketch дорівнює 1, що вище за поріг, тому ми додаємо цей елемент і його частоту до множини відстежуваних елементів: $\mathrm{X}^* = [(4, 1)]$.

Черговий елемент знову 4, і ми збільшуємо ті ж самі лічильники.

| | 1 | 2 | 3 | 4 |
|---|---|---|---|---|
| $h_1$ | 0 | 0 | 0 | 2 |
| $h_2$ | 0 | 0 | 0 | 2 |

Проте, оскільки ми вже обробили $\mathrm{N} = 2$ елемента, порогове значення $f^*$ змінюється на $\frac{2}{3}$. Оцінка частоти для елемента 4 становить 2, що все ще вище за порогове значення, і оскільки елемент уже перебуває в $\mathrm{X}^*$, ми просто оновлюємо його частоту: $\mathrm{X}^* = [(4, 2)]$.

Аналогічним чином ми обробляємо наступні 14 елементів (до $\mathrm{N} = 16$). Кількість елементів у $\mathrm{X}^*$ не змінюється, тому елемент 4 є поки що єдиним кандидатом у важковаговики: $\mathrm{X}^* = [(4, 7)]$. Структура даних CMSketch на цьому етапі має такий вигляд:

| | 1 | 2 | 3 | 4 |
|---|---|---|---|---|
| $h_1$ | 7 | 0 | 0 | 9 |
| $h_2$ | 1 | 3 | 6 | 7 |

Наступний елемент у наборі даних — 3, лічильники якого $c_1^1$ і $c_2^3$ потрібно збільшити.

| | 1 | 2 | 3 | 4 |
|---|---|---|---|---|
| $h_1$ | 7 | 0 | 0 | 9 |
| $h_2$ | 1 | 3 | 6 | 7 |

На цей момент нами оброблено $\mathrm{N} = 17$ елементів, тому порогове значення частоти дорівнює $f^* = \frac{17}{3} \approx 5.33$. Оцінка частоти елемента 3 становить $\hat{f} = \min(7, 6) = 6$, що вище за порогове значення, тому ми додаємо його до множини відстежуваних елементів: $\mathrm{X}^* = [(4, 7), (3, 6)]$. Усі елементи в $X^*$ мають досить великі значення частот, тому жодні з них ми не видаляємо.

Останнім елементом у наборі даних є 2, частота якого нижча за поріг $f^* = \frac{18}{3} = 6$. Таким чином, на цьому кроці в множині $X^*$ немає жодних змін, і остаточний список важковаговиків має такий вигляд:

$$X^* = [(4,7),(3,6)].$$

## Властивості

Алгоритм Count–Min Sketch є приблизним і ймовірнісним одночасно, тому два параметри, помилка $\varepsilon$ у відповіді на конкретний запит і ймовірність помилки $\delta$, впливають на вимоги до пам'яті та часу. Фактично алгоритм дає гарантію, що помилка оцінки частоти не перевищить $\varepsilon \cdot n$ з ймовірністю не менше $1 - \delta$.

Аналогічно Count Sketch, збільшення числа хеш-функцій $p$ зменшує ймовірність поганої оцінки. Для бажаної стандартної помилки $\delta$ рекомендація щодо кількості використовуваних хеш-функцій, що відповідають рядкам у CMSketch, є:

$$p = \left\lceil \ln \frac{1}{\delta} \right\rceil. \tag{4.3}$$

Чим більше $m$, тим менша ймовірність колізій, тому помилка переоцінки $\varepsilon \cdot n$ буде нижчою. Водночас за більшого $p$ для обчислення остаточного мінімального значення використовується більше оцінок, що робить його більш надійним. Таким чином, рекомендація щодо кількості лічильників $m$ така:

$$m \approx \left\lceil \frac{2.71828}{\varepsilon} \right\rceil, \tag{4.4}$$

і порівняння з (4.2) показує, що Count–Min Sketch потребує менше пам'яті, ніж Count Sketch.

Оскільки структура даних CMSketch складається з двовимірного масиву розміром $p \times m$ і використовує $p$ хеш-функцій, вона вимагає $O(m \cdot p + p)$ простору, припускаючи, що кожна хеш-функція зберігається в $O(1)$ обсязі пам'яті.

**Приклад 4.11:** Оцінка необхідного простору

Згідно з умовою (4.3), для того щоб стандартна помилка δ була близько 1%, потрібно принаймні $p = \lceil \ln \frac{1}{0.01} \rceil = 5$ хеш-функцій.

Припустимо, що буде проіндексовано 10 мільйонів ($n = 10^7$) елементів і допустимо фіксовану переоцінку в 10. Отже, $\varepsilon = \frac{10}{10^7} = 10^{-6}$, а рекомендована кількість лічильників становить

$$m = \frac{2.71828}{10^{-6}} \approx 2718280.$$

Таким чином, структура даних CMSKETCH має складатися з масиву лічильників розміром $5 \times 2718280$, що в разі використання 32-бітних цілочисельних лічильників становить 54.4 МБ пам'яті.

Big Data характеризується великим обсягом даних і високою швидкістю їх надходження, що робить важливими вимоги до пам'яті та часу оновлення. На щастя, практичні реалізації Count–Min Sketch споживають лише до кількох сотень мегабайт і можуть обробляти десятки мільйонів оновлень на секунду.

Дві структури даних CMSKETCH однакового розміру можна об'єднати разом простим матричним додаванням, у результаті чого утворюється структура даних, що відповідає об'єднанню їхніх наборів даних. Тому Count–Min Sketch корисний у MapReduce і паралельній обробці потокових даних.

Count–Min Sketch широко використовується для задач аналізу трафіку і внутрішньопотокового аналізу даних, що виконуються на розподілених потокових системах обробки, таких як Apache Spark, Apache Storm і Apache Flink. Існують також реалізації для популярних баз даних, таких як Redis і PostgreSQL.

# Підсумок

У цьому розділі ми познайомилися з проблемою визначення частот елементів у потенційно нескінченних потоках даних, які часто доводиться обробляти застосункам Big Data. Ми почали з формулювання багатьох важливих задач, пов'язаних із частотами, які можна розв'язати за допомогою структур даних і алгоритмів із цього розділу. Почавши з простої проблеми пошуку домінуючого елемента, ми перейшли до питання розв'язання складних задач пошуку найпоширеніших елементів і важковаговиків.

Якщо вас цікавить детальніша інформація про розглянутий тут матеріал або ви хочете ознайомитися з оригінальними статтями, будь ласка, зазирніть до списку літератури, що йде за цим розділом.

У наступному розділі ми продовжимо роботу з потоками даних і розглянемо ймовірнісні алгоритми, які можна використати для обчислення рангових характеристик, таких як квантилі та їхні конкретні види, наприклад, процентилі та квартилі.

# Бібліографія


[Bo81] Boyer, R., Moore, J. (1981) "MJRTY - A Fast Majority Vote Algorithm", *Technical Report 1981-32*, Institute for Computing Science, University of Texas, Austin.

[Ch02] Charikar, M., Chen, K., Farach-Colton, M. (2002) "Finding Frequent Items in Data Streams", *Proceedings of the 29th International Colloquium on Automata, Languages and Programming*, pp. 693–703, Springer, Heidelberg.

[Co09] Cormode, G. (2009) "Count-min sketch", In: Ling Liu, M. Tamer Özsu (Eds.) – *Encyclopedia of Database Systems*, pp. 511–516, Springer, Heidelberg.

[Co03] Cormode, G., Muthukrishnan, S. (2003) "What's hot and what's not: Tracking most frequent items dynamically", *Proceedings of the 22th ACM SIGMOD-SIGACT-SIGART symposium on Principles of database systems*, San Diego, California — June 09–11, 2003, pp. 296–306, ACM New York, NY.

[Co05] Cormode, G., Muthukrishnan, S. (2005) "An Improved Data Stream Summary: The Count–Min Sketch and its Applications", *Journal of Algorithms*, Vol. 55 (1), pp. 58–75.

[Co08] Cormode, G., Hadjieleftheriou, M. (2008) "Finding frequent items in data streams", *Proceedings of the VLDB Endowment*, Vol. 1 (2), pp. 1530–1541.

[De02] Erik, D., Demaine, E.D., López-Ortiz, A., Munro, J.I. (2002) "Frequency Estimation of Internet Packet Streams with Limited Space", In: R. Möhring and R. Raman (Eds.) – ESA 2002. *Lecture Notes in Computer Science*, Vol. 2461, pp. 348–360, Springer, Heidelberg.

[Fi82] Fischer, M.J., Salzberg, S.L. (1982) "Finding a Majority Among N Votes: Solution to Problem 81-5", *Journal of Algorithms*, Vol. 3, pp. 376-–379.

[Mi82] Misra, J., Gries, D. (1982) "Finding repeated elements", *Science of Computer Programming*, Vol. 2 (2), pp. 143–152.

[Mu05] Muthukrishnan, S. (2005) "Data Streams: Algorithms and Applications", *Foundations and Trends in Theoretical Computer Science*, Vol. 1 (2), pp. 117–236.

# 5

# Ранг

Великі обсяги неструктурованих даних легко перевищують людські можливості їх розуміння, що робить узагальнення з обчисленням різних статистичних характеристик важливою задачею аналізу даних. У цьому розділі ми розглянемо однопрохідні алгоритми і структури даних для обчислення таких характеристик із використанням невеликого та обмеженого обсягу пам'яті.

Серед найчастіше використовуваних рангових характеристик найбільш часто зустрічаються квантилі. Формально, *$q$-квантиль* ($0 \le q \le 1$) — це елемент послідовності, для якого $q$ частка елементів із послідовності менша чи дорівнює йому, а решта $(1 - q)$ — більша чи дорівнює. Більше того, якщо послідовність має $n$ елементів, то кажуть, що $q$-квантиль має *ранг* рівний $q \cdot n$. Процентилі — це просто квантилі, які ділять відсортовану послідовність на 100 рівних частин, тому 95й-процентиль — те ж саме, що 0.95-квантиль. 0- і 1-квантилі є мінімальним і максимальним елементами в послідовності відповідно. Квантиль 0.5 відомий як медіанний елемент.

Ян Манро і Майкл Патерсон довели[1], що обчислення квантиля *точно* за $p$ проходів за даними вимагає $O(n^{\frac{1}{p}})$ пам'яті. Це означає, що однопрохідний алгоритм не може гарантувати отримання точного значення квантиля в сублінейному просторі і мотивує пошук алгоритмів, які обчислюють приблизні квантилі.

На практиці наявність помилки в обчисленні квантилів часто є припустимою, оскільки вони оцінюються для зашумлених вхідних даних і апроксимують невідомі розподіли. У більшості випадків нас цікавить $\varepsilon$–наближення для $q$-квантиля, тобто елемент із рангом у діапазоні $[(q-\varepsilon)\cdot n, (q+\varepsilon)\cdot n]$, де $n$ — кількість елементів, а $0 < \varepsilon < 1$ — параметр помилки. Зазначимо, що цієї умови може відповідати й кілька елементів.

Завдання визначення $q$-квантиля або, іншими словами, елемента з відсортованої послідовності $n$ елементів, ранг яких дорівнює $q \cdot n$, де $q \in (0, 1)$, називається *задачею пошуку квантиля*. Пошук медіани є окремим випадком цієї задачі з $q = 0.5$.

Проблема обчислення квантилей не нова і вже добре вивчена в класичних обчисленнях. Однак вона стикається з новими викликами для необмежених потоків даних, характерних для застосунків Big Data, де пам'ять обмежена і можливий тільки одноразовий прохід за даними. Зазначимо, що алгоритм Count–Min Sketch, розглянутий у главі 4, також дає змогу обчислювати приблизні значення квантилей, але потребує значно більше пам'яті, ніж алгоритми, які розглядатимуться в цьому розділі.

[1] Selection and sorting with limited storage, Theoretical Computer Science, Vol.12 (1980)

Оцінка різних рангових характеристик, таких як квантилі та процентилі, відіграє важливу роль у потокових методах виявлення викидів. Наприклад, з метою виявлення шахрайства з кредитними картками можна відстежувати транзакції та звертати увагу на місця оплати, які не вкладаються в 99$^{й}$-процентиль звичайного розподілу місць для наших клієнтів.

**Приклад 5.1:** Шахрайство (Perlich et al., 2007)

Шахрайство у фінансовій сфері залишається однією з найгостріших проблем, що постають перед фінансовою індустрією. Наприклад, у 2015 році глобальні втрати від шахрайства з кредитними та дебетовими картками склали 21.84 млрд. доларів США[2]. Для пошуку і виявлення ознак фінансового шахрайства було створено велику кількість спеціальних застосунків. Такі системи часто використовують безліч специфічних параметрів, чий "ступінь підозрілості" оцінюється для кожного спостереження. Наприклад, можна використовувати такі параметри, як загальна сума, витрачена за кредитною карткою, або сума, витрачена за день. Ступінь підозрілості кожного спостереження може бути наближена квантилями певного розподілу витрат. Порівнюючи такі значення з деякими високими квантилями (наприклад, з 0.95-квантилем), можна ідентифікувати викиди, які потребують особливої уваги.

Ще одна велика сфера застосування рангових характеристик — це моніторинг веб-трафіку. Потокове спостереження за статистиками дає змогу виявляти проблеми на ранніх стадіях без дорогого повноцінного аналізу фактичних даних.

**Приклад 5.2:** Моніторинг (Buragohain & Suri, 2009)

Великі сайти щодня обслуговують мільйони користувачів. Наприклад, у вересні 2017 року Wikipedia обробляла загалом близько 500 мільйонів відвідувань на день[3], тобто приблизно 5.7 тисяч запитів на секунду, використовуючи понад 300 серверів по всьому світу. Одним з найбільш критичних питань у продуктивності веб-сайту є запізнювання (англ. latency), затримка між моментом генерації контенту і моментом

[2] Credit Card & Debit Card Fraud Statistics `https://wallethub.com/edu/statistics/25725/`

його передачі відвідувачеві. Оскільки розподіл значень затримки, як правило, перекошений, моніторинг зазвичай будується шляхом відстеження певних високих квантилів або процентилів. Найпоширенішими питаннями є:

- Яке запізнювання для 95% запитів для одного веб-сервера?
- Яке запізнювання для 99% запитів для всього сайту?
- Яке запізнювання для 95% запитів для всього сайту за останні 15 хвилин?

Хоча на всі ці запитання можна відповісти за допомогою обчислення квантилів, технічно вони мають відмінності, які потребують різних методів розв'язання. Наприклад, для першого питання можна обчислити оцінку за одним потоком. Друге питання потребує вже застосування розподілених алгоритмів для обчислення статистики за кількома потоками даних. Водночас для відповіді на третє запитання потрібна тільки підмножина даних потоку, визначена часовим вікном, однак така підмножина завжди буде змінюватися.

Альтернативною задачею є пошук рангу заданого елемента у відсортованій послідовності з $n$ елементів, відомий як *обернена задача пошуку квантиля*. Знаючи $\mathrm{rank}(x)$ і загальну кількість елементів $n$, легко обчислити й відповідний квантиль $q$:

$$q = \frac{1}{n} \cdot \mathrm{rank}(x).$$

Для багатьох застосунків буває важливо визначити кількість елементів певної відсортованої послідовності з $n$ елементів, що перебувають у заданому інтервалі $[a, b]$, яку часто називають *задачею пошуку інтерквартильного розмаху*.

У цьому розділі ми почнемо зі знайомства з алгоритмом випадкової вибірки, потім продовжимо простим деревоподібним алгоритмом q-дайджест і, нарешті, вивчимо сучасний алгоритм t-digest, який використовує кластеризацію для ефективного оцінювання рангових характеристик у необмежених потоках даних.

[3]Wikipedia Page Views `https://stats.wikimedia.org/EN/TablesPageViewsMonthlyCombined.htm`

## 5.1 Алгоритм випадкової вибірки

Техніка *випадкової вибірки*, що полягає у виборі без заміни випадкової підмножини даних, зустрічається в багатьох алгоритмах в інформатиці. У рангових задачах цю техніку можна використати для обчислення квантилів на вибірках як наближення до квантилів усього потоку даних.

Явною перевагою є те, що такі вибірки є набагато меншими і часто задачі пошуку квантилів фактично можна розв'язати за допомогою класичних детермінованих алгоритмів. Однак, щоб мати деякі завчасні гарантії щодо помилки такої апроксимації, випадкова вибірка має бути взята в особливий спосіб, який цілком може виявитися залежним від самих даних.

Додаткова проблема, яка виникає під час класичної вибірки, полягає в тому, що багато схем вибірки вимагають попереднього знання розміру набору даних, що є проблематичним для необмежених потоків, які часто зустрічаються в застосунках Big Data. Одним із можливих рішень є проста техніка *резервуарної вибірки*, розроблена Джеффрі Віттером 1985 року, що дає змогу згенерувати вибірку без таких знань, однак її застосування до проблеми квантилей вимагає значних витрат пам'яті.

Алгоритм *випадкової вибірки*, також відомий як MRL, було опубліковано Гурмітом Сінгхом Манку, Шрідхаром Раджагопаланом та Брюсом Ліндсеєм у 1999 році [Ma99] для розв'язання проблеми правильної вибірки та оцінювання квантилів. Він складається з техніки нерівномірної вибірки і детермінованого алгоритму знаходження квантилів.

Для можливості обробляти безперервні потоки даних з невеликими витратами простору, Манку зі співавторами запропонували нерівномірну модифікацію резервуарної вибірки, в якій елементи, що з'являються в послідовності раніше, відбирають з більшою ймовірністю. Така модифікація має кращу просторову ефективність і значно вищу точність, ніж класична резервуарна вибірка.

Основні недоліки алгоритму випадкової вибірки полягають у тому, що параметри його конфігурації визначають шляхом розв'язання складної задачі оптимізації, і в ньому використовуються деякі складні процедури. У цьому розділі ми розглядаємо простішу версію алгоритму Ге Луо, Лу Вангом, Лу Йі та Гремом Кормодом у 2013 році [Wa13], [Lu16], позначену в оригінальних статтях як *Random.*

Для зберігання вибірок елементів алгоритм використовує структуру даних SampleBuffers, яка складається з $b$ простих скриньок даних $B_1, B_2, \ldots B_b$, які називаються *буферами*, кожна з яких зберігає не більш ніж $k$ елементів і пов'язана з деяким рівнем L, на якому її було заповнено.

Значення рівня L відображає ймовірність того, що елементи будуть включені до вибірки, і залежить від кількості елементів $n$, які були оброблені до теперішнього моменту, а також максимально допустимої *висоти* $h$ дерева обчислень, що відображає послідовність операцій, які виконує алгоритм:

$$\mathrm{L} = \mathrm{L}(n, h) = \max\left(0, \left\lceil \log \frac{n}{k \cdot 2^{h-1}} \right\rceil\right), \tag{5.1}$$

де $\mathrm{L}(0, h) = 0$.

Спочатку всі буфери не містять елементів і позначаються як "empty". Для заповнення порожнього буфера $B_i^{\mathrm{L}}$, $i \in 0 \ldots b$ на рівні L, потрібно вибрати випадковим чином $k$ елементів з $k \cdot 2^{\mathrm{L}}$ послідовних вхідних елементів, по одному на блок з $2^{\mathrm{L}}$ елементів, і зберегти їх у буфер $B_i^{\mathrm{L}}$.

Ймовірність того, що конкретний елемент із вхідного потоку даних буде обрано і поміщено в буфер, безпосередньо залежить від рівня L, оскільки він керує розміром блоку $2^{\mathrm{L}}$, з якого беруться елементи. Це і є практична реалізація нерівномірної вибірки, використовуваної в алгоритмі.

Наприкінці процедури в якомусь із буферів може виявитися менше $k$ елементів, якщо вхідна послідовність не містила достатньої кількості елементів. Однак коли хоча б один елемент перебуває в буфері, він позначається як "full".

**Алгоритм 5.1:** Заповнення порожніх буферів

```
Input: Потік даних 𝔻
Input: Порожній буфер B^L розміру k на рівні L
Output: Заповнений буфер B^L і його мітка
for i ← 0 to k − 1 do
    S ← next(2^L, 𝔻) // зчитуємо наступні 2^L елементів із 𝔻
    if S = ∅ then
        break
    x ← sample({s ∈ S}) // випадково вибираємо один елемент із S
    B^L ← B^L ∪ {x}
label ← empty
if count(B^L) > 0 then
    label ← full
return B^L, label
```

Два буфери одного рівня L можуть бути об'єднані — злиті для звільнення буферного простору, унаслідок чого утворюється новий буфер того ж розміру, але на рівні $L + 1$. Щоб об'єднати два буфери, необхідно впорядкувати об'єднану послідовність елементів обох буферів і випадковим чином вибрати половину елементів, наприклад, відібравши всі елементи на парних або непарних позиціях. Об'єднані буфери очищаються і позначаються як "empty", а вихідний буфер як "full".

**Алгоритм 5.2:** Об'єднання двох непорожніх буферів

```
Input: Непорожні буфери B_i^L, B_j^L розміру k на рівні L
Output: Заповнений буфер B^{L+1} на рівні L і його мітка
S ← B_i^L ∪ B_j^L
free(B_i^L)
free(B_j^L)
B^{L+1} ← sample(S, k) // випадково вибираємо k елементів з об'єднаного буфера
return B^{L+1}, full
```

Операція об'єднання двох непорожніх буферів вимагає $O(k \cdot \log k)$ часу для сортування, а наступне заповнення нового буфера може бути виконано за $O(k)$.

Нарешті, процес побудови структури даних SampleBuffers складається із серії кроків із заповнення буферів і операцій об'єднання. Розпочинаємо з того, що кожен буфер позначено як "empty". Обробка вхідного потоку починається з визначення поточного рівня L за формулою (5.1), який на початку дорівнює нулю, оскільки ще немає оброблюваних елементів. Якщо є порожній буфер B, ми заповнюємо його згідно з Алгоритмом 5.1, зчитуючи $k \cdot 2^{L}$ елементів із потоку. Коли всі буфери заповнені, знаходимо найнижчий рівень, що містить хоча б два непорожніх буфери, і об'єднуємо два випадково обраних.

Загальна кількість операцій об'єднання становить $O\left(\frac{n}{k}k\right)$ для всього потоку даних, що відповідає приблизно $O(1)$ для кожного оновлення. Сортування займає $O(\log k)$ для кожного оновлення. Таким чином, амортизований час становить $O(\log k)$.

**Приклад 5.3:** Побудова буферів для вибірки

Розглянемо набір даних із 25 цілих чисел:

$$\{0, 0, 3, 4, 1, 6, 0, 5, 2, 0, 3, 3, 2, 3, 0, 2, 5, 0, 3, 1, 0, 3, 1, 6, 1\}.$$

Для ілюстрації процесу обробки потоку візьмемо значення висоти $h = 3$ і будемо використовувати $b = 4$ буфери: $B_1, B_2, B_3, B_4$ з $k = 4$ елементів кожен. Таким чином, спрощуючи формулу (5.1), поточний рівень може бути визначений як

$$L = L(n) = \max\left(0, \lceil \log(n) - 4 \rceil\right).$$

Спочатку кількість оброблюваних елементів $n = 0$, тому починаємо з $L = 0$ і зчитуємо перші $N_1 = 4$ елемента вхідного потоку $\{0, 0, 3, 4\}$, та заповнюємо один із порожніх буферів, скажімо, $B_1$. Оскільки ємність буфера також дорівнює 4, нам не потрібно випадково вибирати елементи, і всі вони будуть збережені.

| $B_1^0$ | | | | $B_2$ | | | | $B_3$ | | | | $B_4$ | | | |
|---|---|---|---|---|---|---|---|---|---|---|---|---|---|---|---|
| 0 | 0 | 3 | 4 | | | | | | | | | | | | |

Далі нам знову потрібно визначити поточний рівень. Кількість оброблених елементів дорівнює $n = N_1 = 4$, тому рівень залишається нульовим: $L = L(4) = \max(0, 2 - 4) = 0$. Зчитуємо наступні $N_2 = 4$ елемента $\{1, 6, 0, 5\}$ і аналогічним чином заповнюємо буфер $B_2$.

| $B_1^0$ | | | | $B_2^0$ | | | | $B_3$ | | | | $B_4$ | | | |
|---|---|---|---|---|---|---|---|---|---|---|---|---|---|---|---|
| 0 | 0 | 3 | 4 | 1 | 6 | 0 | 5 | | | | | | | | |

Таким чином, ми вже обробили $n = N_1 + N_2 = 8$ елементів, поточний рівень $L = L(8) = \max(0, 3 - 4) = 0$, тож індексуємо наступні $N_3 = 4$ елемента $\{2, 0, 3, 3\}$ у буфер $B_3$.

| $B_1^0$ | | | | $B_2^0$ | | | | $B_3^0$ | | | | $B_4$ | | | |
|---|---|---|---|---|---|---|---|---|---|---|---|---|---|---|---|
| 0 | 0 | 3 | 4 | 1 | 6 | 0 | 5 | 2 | 0 | 3 | 3 | | | | |

Після опрацювання $n = N_1 + N_2 + N_3 = 12$ елементів, поточний рівень, як і раніше, дорівнює нулю, ми знову зчитуємо наступні $N_4 = 4$ елемента $\{2, 3, 0, 2\}$ і заповнюємо єдиний наявний буфер $B_4$ з міткою "empty".

| $B_1^0$ | | | | $B_2^0$ | | | | $B_3^0$ | | | | $B_4^0$ | | | |
|---|---|---|---|---|---|---|---|---|---|---|---|---|---|---|---|
| 0 | 0 | 3 | 4 | 1 | 6 | 0 | 5 | 2 | 0 | 3 | 3 | 2 | 3 | 0 | 2 |

На цей момент у нас не залишилося "empty" буферів, тому необхідно виконати операцію об'єднання. Найнижчий рівень, який має хоча б два буфери, це рівень 0, з якого ми випадковим чином обираємо два буфери, наприклад, $B_2^0$ і $B_3^0$. Спочатку ми об'єднуємо всі елементи з цих буферів і сортуємо їх:

$$\{1, 6, 0, 5\} \cup \{2, 0, 3, 3\} = \{1, 6, 0, 5, 2, 0, 3, 3\} \to \{0, 0, 1, 2, 3, 3, 5, 6\}.$$

Далі звільняємо буфери $B_2^0$ і $B_3^0$, і заповнюємо буфер $B_3$ на рівні 1 з 50% колишніх елементів (для простоти візьмемо елементи на непарних позиціях).

| $B_1^0$ | | | | $B_2$ | | | | $B_3^1$ | | | | $B_4^0$ | | | |
|---|---|---|---|---|---|---|---|---|---|---|---|---|---|---|---|
| 0 | 0 | 3 | 4 | | | | | 0 | 1 | 3 | 5 | 2 | 3 | 0 | 2 |

Наразі ми вже обробили $n = N_1 + N_2 + N_3 + N_4 = 16$ елементів, але поточний рівень усе ще залишається нульовим, і ми заповнюємо $B_2$ наступними $N_5 = 4$ елементами з потоку даних: $\{5, 0, 3, 1\}$.

| $B_1^0$ | | | | $B_2^0$ | | | | $B_3^1$ | | | | $B_4^0$ | | | |
|---|---|---|---|---|---|---|---|---|---|---|---|---|---|---|---|
| 0 | 0 | 3 | 4 | 5 | 0 | 3 | 1 | 0 | 1 | 3 | 5 | 2 | 3 | 0 | 2 |

І знову не залишилося "empty" буферів, тому нам потрібно виконати ще одне об'єднання.

Рівень 0 містить три "full" буфери, тож ми випадковим чином обираємо два з них, наприклад, $B_1^0$ і $B_4^0$, потім об'єднуємо і сортуємо всі їхні елементи:

$$\{0, 0, 3, 4\} \cup \{2, 3, 0, 2\} = \{0, 0, 3, 4, 2, 3, 0, 2\} \to \{0, 0, 0, 2, 2, 3, 3, 4\}.$$

Позначаємо буфери $B_1^0$ і $B_4^0$ як "empty" і заповнюємо буфер $B_4$ на рівні 1 з 50% наявних у нас елементів, обираючи елементи на парних позиціях.

| $B_1$ | | | | $B_2^0$ | | | | $B_3^1$ | | | | $B_4^1$ | | | |
|---|---|---|---|---|---|---|---|---|---|---|---|---|---|---|---|
| | | | | 5 | 0 | 3 | 1 | 0 | 1 | 3 | 5 | 0 | 2 | 3 | 4 |

До цього кроку ми обробили $n = N_1 + N_2 + N_3 + N_4 + N_5 = 20$ елементів. Наш поточний рівень $L = L(20) = 4.32 - 4 = 1$ та ми готові зчитати з потоку наступні $N_6 = 4 \cdot 2^1 = 8$ елементів, але в потоці такої кількості вже не залишилося. Тому зчитуємо решту елементів $\{0, 3, 1, 6, 1\}$ і, обравши по одному елементу з кожної групи з двох елементів, заповнюємо єдиний наявний буфер $B_1$, чим завершуємо побудову структури SampleBuffers.

| $B_1^1$ | | | | $B_2^0$ | | | | $B_3^1$ | | | | $B_4^1$ | | | |
|---|---|---|---|---|---|---|---|---|---|---|---|---|---|---|---|
| 3 | 1 | 1 | | 5 | 0 | 3 | 1 | 0 | 1 | 3 | 5 | 0 | 2 | 3 | 4 |

За допомогою SampleBuffers можна розв'язати обернену задачу пошуку квантиля і знайти ранг заданого елемента $x$ як зважену за рівнем суму кількості елементів менших за $x$ для кожного непорожнього буфера:

$$\text{rank}(x) = \sum_{i=1}^{k} 2^{L(B_i)} \cdot |\{e < x | e \in B_i^{L(B_i)}\}|. \tag{5.2}$$

**Приклад 5.4:** Обернена задача пошуку квантиля

Розглянемо потік даних із Прикладу 5.3 і знайдемо ранг елемента 4. З попереднього прикладу, структура даних SampleBuffers є:

| $B_1^1$ | | | | $B_2^0$ | | | | $B_3^1$ | | | | $B_4^1$ | | | |
|---|---|---|---|---|---|---|---|---|---|---|---|---|---|---|---|
| 3 | 1 | 1 | | 5 | 0 | 3 | 1 | 0 | 1 | 3 | 5 | 0 | 2 | 3 | 4 |

Використовуючи формулу (5.2), обчислюємо ранг:

$$\text{rank}(4) = 2^1 \cdot 3 + 2^0 \cdot 3 + 2^1 \cdot 3 + 2^1 \cdot 3 = 21.$$

Таким чином, для елемента 4 оцінка $\text{rank}(4) = 21$.

Щоб розв'язати задачу пошуку квантиля і знайти $q$-квантиль зі структури даних SampleBuffers, нам достатньо знайти елемент, чий розрахунковий ранг, отриманий за формулою (5.2), є найближчим до $q \cdot n$. Фактично необхідно розв'язати кілька обернених задач пошуку квантиля для кожного з елементів структури даних, але ми можемо використати бінарний пошук для прискорення процесу і зупинитися, щойно знайдемо достатньо близьке значення, оскільки ранг є монотонною функцією свого аргументу.

**Приклад 5.5:** Задача пошуку квантиля

Розглянемо потік даних із Прикладу 5.3 і обчислимо 0.65-квантиль. Загальна кількість елементів у структурі даних SampleBuffers становить $n = 25$, тому наше граничне значення дорівнює

$$q \cdot n = 0.65 \cdot 25 = 16.25.$$

| $B_1^1$ | | | | $B_2^0$ | | | | $B_3^1$ | | | | $B_4^1$ | | | |
|---|---|---|---|---|---|---|---|---|---|---|---|---|---|---|---|
| 3 | 1 | 1 | | 5 | 0 | 3 | 1 | 0 | 1 | 3 | 5 | 0 | 2 | 3 | 4 |

Структура даних SampleBuffers містить елементи $\{0, 1, 2, 3, 4, 5\}$. Почнемо з елемента 0 і оцінимо його ранг, який за формулою (5.2) дорівнює нулю: $\text{rank}(0) = 0$. Далі перевіряємо елемент 1, чий ранг оцінюється як $\text{rank}(1) = 5$. Ранг елемента 2 дорівнює $\text{rank}(2) = 12$, а $\text{rank}(3) = 14$. І ми вже знаємо з Прикладу 5.4, що $\text{rank}(4) = 21$. Нарешті, ранг елемента 5 дорівнює $\text{rank}(5) = 23$.

Таким чином, найближчим елементом до граничного значення 16.25 є елемент 3 з $\text{rank}(3) = 14$. Ми розглядаємо елемент 3 як наближення до 0.65-квантиля.

## Властивості

Для обчислення $\varepsilon$–наближення для $q$-квантиля, алгоритм випадкової вибірки вимагає фіксованого об'єму пам'яті, що пропорційний $b \cdot k$ і залежить тільки від $\varepsilon$. При заданій помилці наближення нам підходить обчислювальне дерево висотою $h = \log \frac{1}{\varepsilon}$, а оптимальне число буферів дорівнює

$$b = \log \frac{1}{\varepsilon} + 1,$$

тоді як розмір кожного буфера становить

$$k = \frac{1}{\varepsilon}\sqrt{\log\frac{1}{\varepsilon}}.$$

Будучи ймовірнісним, алгоритм випадкової вибірки правильно оцінює квантилі з постійною ймовірністю помилки, що обмежена $\frac{1}{2}\varepsilon$ та зумовлена як випадковим включенням елементів, так і випадковими кроками об'єднання буферів.

## 5.2 q-дайджест

*Quantile digest* или *q-дайджест* (англ. q-digest) — це алгоритм узагальнення потоку на основі дерева, запропонований Нішетом Шріваставою, Чіранджібом Бурагогайном, Дів'якант Агравалєм та Субхашем Сурі у 2004 році для розв'язання задачі моніторингу розподілених даних із датчиків.

Алгоритм розв'язує задачу обчислення квантилів як задачу побудови гістограми, в якій дані групуються за деякою кількістю відер. Набір таких відер зберігається в деревоподібній структурі даних Q-DIGEST, об'єднуючи маленькі відерця і розділяючи великі. Строго кажучи, це не ймовірнісний, а детермінований алгоритм із втратами, однак він відіграє важливу роль для нашої розповіді.

Алгоритм q-дайджест працює з цілочисельними значеннями в деякому заданому діапазоні $[0, \mathrm{N}-1]$. Двійкове розбиття такого діапазону представляється у вигляді віртуального повного бінарного дерева, кореневий елемент якого відповідає всьому діапазону $[0, \mathrm{N}-1]$, його ліві та праві гілки мають діапазони $\left[0, \left\lfloor\frac{\mathrm{N}-1}{2}\right\rfloor\right]$ і $\left[\left\lfloor\frac{\mathrm{N}-1}{2}\right\rfloor + 1, \mathrm{N}-1\right]$ і, врешті-решт, листя є одиничними цілими значеннями. Глибина дерева дорівнює $\log \mathrm{N}$.

Кожен вузол $\nu$ у такому бінарному дереві відповідає деякому відру, що відображає діапазон $[\nu_{\mathrm{min}}, \nu_{\mathrm{max}}]$. Крім того, кожне відро має пов'язаний із ним лічильник $\nu_{\mathrm{count}}$, який підраховує загальну кількість проіндексованих ним елементів.

**Приклад 5.6:** Бінарне розбиття для q-дайджеста

Розглянемо набір з $n = 20$ цілих чисел з інтервалу $[0, 7]$, який ми розглядали в Прикладі 5.3:

$$\{0, 0, 3, 4, 1, 6, 0, 5, 2, 0, 3, 3, 2, 3, 0, 2, 5, 0, 3, 1\}.$$

Шляхом двійкового розбиття діапазону побудуємо наступне бінарне дерево і розподілимо вхідні дані по відрах:

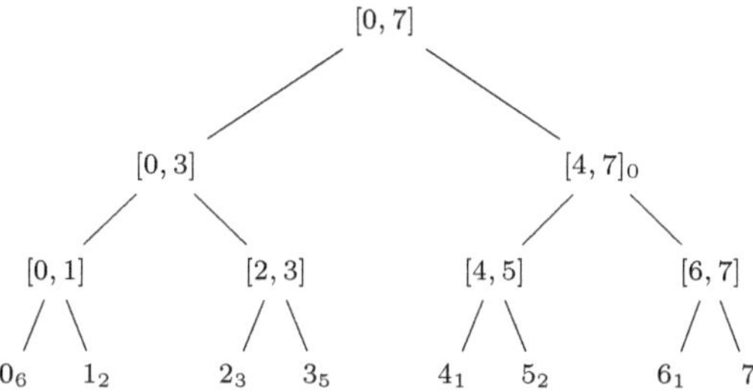


Листя зліва направо представляють елементи з набору даних, а номери індексів вказують на частоту елементів у наборі.

Таким чином, внутрішнє представлення даних містить у собі частоти, з якими спостерігалися збережені елементи. У найгіршому випадку витрати на зберігання таких даних становлять $O(n)$ або $O(N)$, залежно від того, що менше. Зауважимо, що на практиці такі бінарні дерева, найімовірніше, будуть дуже розрідженими та незбалансованими, тому зберігання їх у вихідному вигляді без стиснення дуже неефективне.

Алгоритм q-дайджест пропонує спосіб стиснення і компактного зберігання такого дерева розбиття. Його структура даних Q-DIGEST кодує інформацію про розподіл елементів і являє собою версію бінарного дерева, що містить лише ті відра $\nu$, які задовольняють наступній *дайджест-властивості*:

$$\begin{cases} \nu_{\text{count}} \leq \left\lfloor \frac{n}{\sigma} \right\rfloor, & \text{(окрім листя)} \\ \nu_{\text{count}} + \nu^{p}_{\text{count}} + \nu^{s}_{\text{count}} > \left\lfloor \frac{n}{\sigma} \right\rfloor, & \text{(окрім кореня)} \end{cases} \tag{5.3}$$

де $\nu^p$ — батько, а $\nu^s$ — вузол, що має одного й того самого безпосереднього батька з $\nu$; $n$ — загальне число елементів, а $\sigma \in [1, n]$ — наперед визначений параметр, який відповідає за ступінь стиснення.

Винятком із цієї властивості є кореневі та листові відра. Кореневе відро може порушувати дайджест-властивість (5.3), але все одно бути включеним у структуру даних Q-DIGEST. Листові відра зі значеннями, що перевищують *граничне значення* $\lfloor \frac{n}{\sigma} \rfloor$ (часті елементи) також включаються.

Фактично дайджест-властивість визначає компроміс між включенням декількох верхніх і широких відер, і безлічі маленьких відер, які містять інформацію про рідкісні елементи.

Спрощуючи, перше обмеження в дайджест-властивості (5.3) виключає відра, якщо вони не є листовими вузлами, які містять дані про високочастотні елементи, тому що для таких відер варто зберігати піддерева та мати більш точні лічильники.

З іншого боку, згідно з другим обмеженням, якщо два сусідніх відра, що мають одного безпосереднього предка, містять невеликі значення, то ми хочемо уникнути наявності виділених лічильників для кожного з них, тому краще об'єднати їх з батьком для досягнення необхідного ступеня стиснення.

**Алгоритм 5.3:** Стиснення q-дайджеста

```
Input: Структура даних Q-DIGEST для діапазону [0, N − 1]
Input: Ступінь стиснення σ
Output: Стиснута структура даних Q-DIGEST
level ← log N − 1
while level > 0 do
    for ν ∈ Q-DIGEST[level] do
        if ν_count + ν^p_count + ν^s_count ≤ ⌊n/σ⌋ then
            ν^p_count ← ν^p_count + ν_count + ν^s_count
            Q-DIGEST ← Q-DIGEST \ {ν, ν^s}
    level ← level − 1
return Q-DIGEST
```

Таким чином, побудова Q-DIGEST вимагає ієрархічного злиття і скорочення відер: перебираючи всі відра від низу до верху і перевіряючи, чи не порушує якесь із них дайджест-властивість. На практиці, оскільки ми проходимо тільки від низу до верху, достатньо перевіряти тільки друге обмеження.

За винятком кореневого відра, для кожного відра $\nu$, що порушує дайджест-властивість, ми об'єднуємо його піддерево, додаючи його значення до значень його батька $\nu^p$ і брата $\nu^s$, зберігаючи результат у батьківське відро:

$$\nu^p_{\text{count}} = \nu^p_{\text{count}} + \nu_{\text{count}} + \nu^s_{\text{count}},$$

виключаючи при цьому відро $\nu$ і його рідного брата $\nu^s$ з Q-DIGEST.

Стиснення займає $O(m \cdot \log N)$ часу, де $m = |\text{Q-DIGEST}|$ — число відер у структурі даних; таким чином, теоретичні витрати на оновлення одного елемента становлять близько $O(\log N)$. Однак на практиці оновлення займає більше часу, оскільки кожен елемент спочатку вставляється як лист, а потім, під час операції стиснення, алгоритм повинен знайти йому відповідне відро в Q-DIGEST, переміщуючи елемент вгору на один крок за раз.

**Приклад 5.7:** Стиснення дерева з q-дайджест

Розглянемо набір даних з $n = 20$ елементів із Прикладу 5.6, вважаючи частоти відер за замовчуванням рівними нулю.

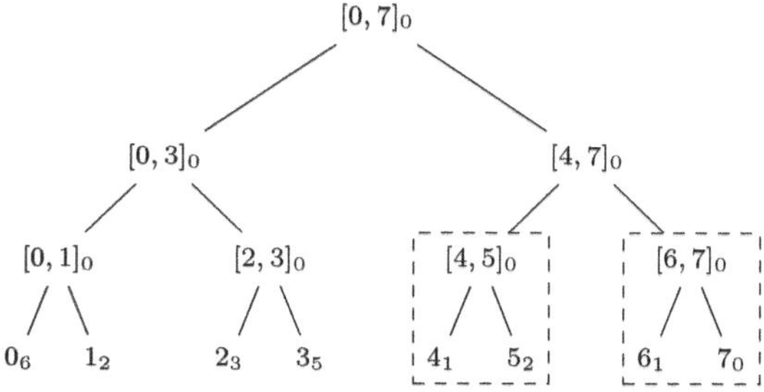


Уявімо, що ми хочемо досягти стиснення $\sigma = 5$, тоді граничне значення є

$$\left\lfloor \frac{n}{\sigma} \right\rfloor = \left\lfloor \frac{20}{5} \right\rfloor = 4.$$

Рухаючись від низу до верху, розглянемо спочатку четвертий рівень, де тільки відра від 0 до 3 задовольняють другій умові дайджест-властивості (5.3). Згідно з Алгоритмом 5.3, нащадки відер $[4, 5]$ і $[6, 7]$, які разом порушують дайджест-властивість, мають бути об'єднані зі своїми батьками та виключені з Q-DIGEST.

Q-DIGEST на даному етапі має вигляд (відра, відмічені суцільною лінією, включені до стислої структури даних):

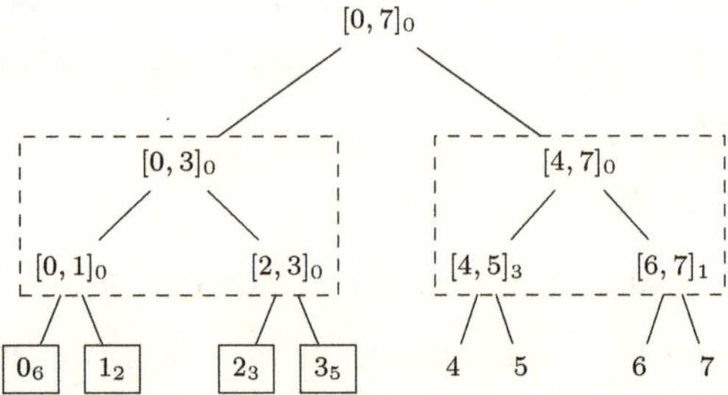


На третьому рівні всі відра порушують обмеження (5.3), тому ми також об'єднуємо їх із батьками і не включаємо до Q-DIGEST:

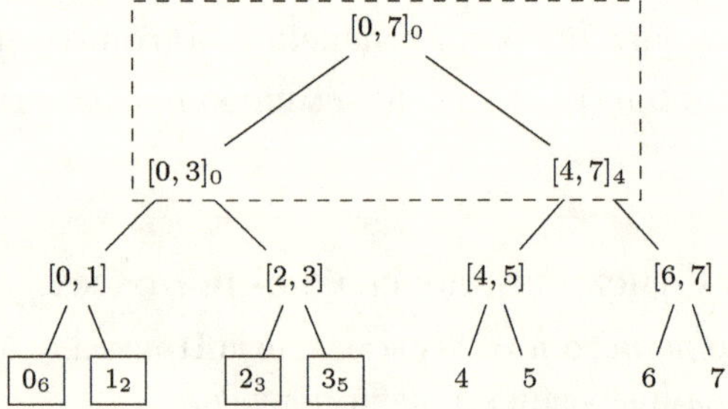


На другому рівні перевіряємо дайджест-властивість для двох нащадків кореневого відра, які порушують обмеження (5.3). Їхнє загальне значення не перевищує граничне, тож їх треба об'єднати з батьком.

Для кореневого елемента дерева немає необхідності перевіряти дайджест-властивість — його завжди включають до стислої структури даних, якщо він має ненульові пов'язані значення лічильників.

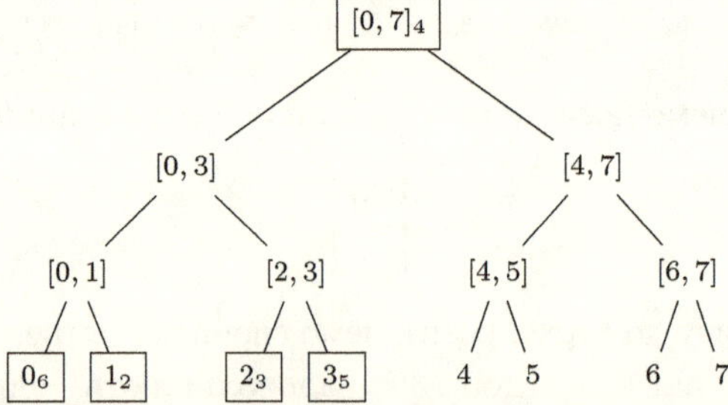


Отже, остаточна версія стислої структури даних Q-DIGEST вимагає зберігання тільки п'яти відер з ненульовими лічильниками.

Оскільки ми завжди йдемо знизу догори (і ніколи згори донизу), перевіряємо дайджест-властивість і приймаємо рішення про злиття відер тільки один раз під час цієї процедури, не обов'язково, щоб усі відра з отриманої стислої структури даних задовольняли дайджест-властивості. Наприклад, зміни (такі як злиття з батьками) у деяких відрах на верхніх рівнях дерева можуть призвести до того, що вже включені відра порушать обмеження (5.3). Однак на практиці така поведінка не знижує точності алгоритму, у найгіршому випадку створюючи неоптимальну структуру даних, яка споживає більше пам'яті, ніж теоретично могло очікуватися.

Поєднавши все вищесказане, можна сформулювати повний алгоритм q-дайджест для довільного набору даних.

**Алгоритм 5.4:** Алгоритм q-дайджест

`Input`: Набір даних $\mathbb{D}$ з елементами у діапазоні $[0, N-1]$

`Input`: Ступінь стиснення $\sigma$

`Output`: Стиснута структура даних Q-DIGEST

Q-DIGEST $\leftarrow$ **BinaryPartitionTree**($\mathbb{D}$, $[0, N-1]$)

`return` **Compress**(Q-DIGEST, $N$, $\sigma$)

Для оптимізації представлення структури даних, відра у бінарному дереві можуть бути пронумеровані зліва направо і зверху вниз:

**Рис. 5.1:** Нумерація відер

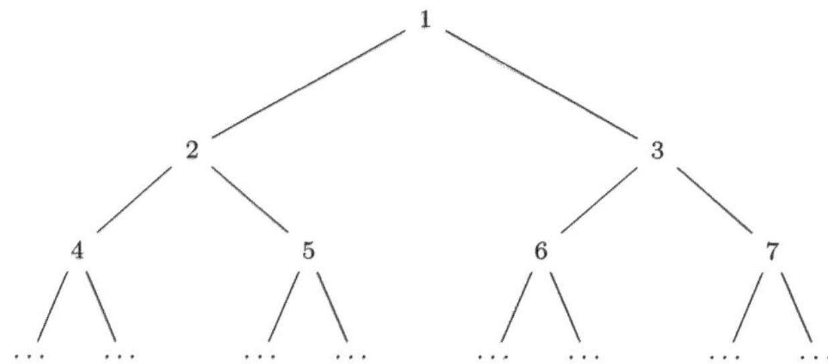

Щойно всі відра $\nu$ пронумеровані таким чином, неважко відновити відповідний діапазон $[\nu_{\min}, \nu_{\max}]$, якщо відомий тільки індекс відра $i$.

---

**Алгоритм 5.5:** Відновлення діапазону відра $[\nu_{\min}, \nu_{\max}]$

---

`Input`: Індекс відра $i$

`Output`: Діапазон відра

$level \leftarrow \lfloor \log(i) \rfloor$

$n \leftarrow 2^{level-1}$ `// кількість відер на рівні`

$m \leftarrow i \mod n$ `// позиція відра на рівні`

**`return`** $\left\lceil \frac{\mathrm{N}}{n} \cdot m \right\rceil, \left\lfloor \frac{\mathrm{N}}{n} \cdot (m+1) \right\rfloor$

---

Використовуючи обрану схему нумерації, можна побудувати лінійне представлення структури даних Q-DIGEST у вигляді масиву відер, де кожне відро — це просто кортеж із його індексу та пов'язаного з ним значення лічильника. Наприклад, стисла структура даних Q-DIGEST з Прикладу 5.7 матиме таке лінійне представлення: $\Big\langle (1,4), (8,6), (9,2), (10,3), (11,5) \Big\rangle$.

Структури даних двох різних потоків даних, але з однаковим коефіцієнтом стиснення $\sigma$ і діапазонами елементів, можна легко об'єднати, що дає змогу обробляти великі потоки даних у розподіленому режимі. Ідея полягає в тому, щоб узяти об'єднання їхніх наборів збережених відер і додати значення лічильників для відер з однаковими діапазонами, підсумувати загальну кількість елементів, а потім запустити алгоритм стиснення 5.3.

Алгоритм q-дайджест може бути використаний для розв'язання задачі пошуку квантиля і знаходження $q$-квантиля зі структури даних Q-DIGEST. Для цього спочатку ми отримуємо відсортовану послідовність S, упорядковуючи відра в порядку зростання їхніх значень $\nu_{\max}$, віддаючи перевагу меншим значенням за інших рівних умов. Після чого ми скануємо послідовність S із самого початку і складаємо значення лічильників відер за їхньою появою. Щойно для деякого відра $\nu^*$ ця сума, що є оцінкою рангу, стає більшою за $q \cdot n$, значення $\nu^*_{\max}$ повертається як оцінка $q$-квантиля.

**Алгоритм 5.6:** Пошук квантиля з q-дайджест

```
Output: Стиснута структура даних Q-DIGEST
Input: Значення q ∈ [0, 1]
Output: q-квантиль
S ← sort(Q-DIGEST)
rank ← 0
for (ν, count) ∈ S do
    rank ← rank + count
    if rank ≥ q · n then
        return ν_max
```

Існує принаймні $q \cdot n$ відер, максимальні значення яких менші за $\nu^*_{\max}$, тому ранг відра $\nu^*$ не менший за $q \cdot n$.

Можливе виникнення помилки в обчисленні $\varepsilon$–наближення для $q$-квантиля, якщо значення, менші за $\nu^*_{\max}$ присутні в спадкоємцях відра $\nu^*$, адже у такому разі їх не буде враховано Алгоритмом 5.6. Аналітично така помилка обмежена $\varepsilon \cdot n$, і алгоритм видає оцінку в інтервалі $[q \cdot n, (q + \varepsilon) \cdot n]$; таким чином, він ніколи не занижує точного значення $q$-квантиля.

**Приклад 5.8:** Пошук квантиля с q-дайджест

Будемо розв'язувати задачу пошуку 0.65-квантиля зі стислої структури даних Q-DIGEST, побудованої в Прикладі 5.7, лінійне представлення якої має такий вигляд:

$$\Big\langle (1,4), (8,6), (9,2), (10,3), (11,5) \Big\rangle.$$

Отже, відсортована послідовність відер є

$$\text{S} = \Big\langle (8,6), (9,2), (10,3), (11,5), (1,4) \Big\rangle.$$

Згідно з Алгоритмом 5.6, обробляючи дану послідовність по зростанню, ми підсумовуємо значення лічильників відер доти, доки сума не стане більшою за $0.65 \cdot n = 13$. У поточній структурі Q-DIGEST це граничне значення перевищується на відрі $(11, 5)$, яке відповідає елементу 3.

Відтак, результат пошуку алгоритмом q-дайджест 0.65-квантиля (або 65$^{\text{го}}$ процентиля) для набору даних із Прикладу 5.7 — це елемент 3.

Подібним чином можна розв'язати й обернену задачу пошуку квантиля. Для цього побудуємо впорядковану послідовність S з відер та проходимо її за зростанням, підсумовуючи значення лічильників з переглянутих відер. Ранг заданого елемента $x$ може бути оцінений як сума значень відер ν, для яких $x > \nu_{\max}$.

**Алгоритм 5.7:** Оцінка рангу з q-дайджест

```
Input: Елемент x
Output: Стиснута структура даних Q-DIGEST
Output: Ранг елемента
S ← sort(Q-DIGEST)
rank ← 0
for (ν, count) ∈ S do
    if x > ν_max then
        rank ← rank + count
return rank
```

Аналогічно наведеному вище алгоритму пошуку квантиля, ранг, отриманий за Алгоритмом 5.7, знаходиться всередині інтервалу $[\mathrm{rank}(x), \mathrm{rank}(x) + \varepsilon \cdot n]$.

Як ми вже згадували, для розв'язання задачі пошуку інтерквартильного розмаху достатньо знайти оцінки рангів для меж діапазону $a$ і $b$, і обчислити їхню різницю.

**Алгоритм 5.8:** Пошук інтерквартильного розмаху з q-дайджест

```
Input: Інтервал [a, b]
Output: Стиснута структура даних Q-DIGEST
Output: Число елементів в інтервалі
r_a ← InverseQuantileQuery(a, Q-DIGEST)
r_b ← InverseQuantileQuery(b, Q-DIGEST)
return r_b − r_a
```

Максимальну помилку в задачі пошуку інтерквартильного розмаху за алгоритмом q-дайджест можна оцінити як $2\varepsilon \cdot n$.

### Властивості

Алгоритм q-дайджест стискає інформацію про низькочастотні елементи, ретельно зберігаючи інформацію про високочастотні. Будучи алгоритмом із втратами, він забезпечує хорошу схему апроксимації за наявності великого розкиду в частотах різних елементів. Водночас алгоритм має в своєму розпорядженні тільки інформацію про розподіл значень елементів, а не про конкретне місце їхньої появи.

Існує компроміс між точністю алгоритму і пам'яттю, необхідною для зберігання структури даних Q-DIGEST, яка контролюється коефіцієнтом стиснення $\sigma$. Для заданого діапазону $[0, N]$ ми можемо очікувати не більше $3\sigma$ відер, які можна зберігати, а помилка в обчисленні $\varepsilon$–наближення $q$-квантилей обмежена зверху:

$$\varepsilon \leq \frac{\log N}{\sigma}.$$

Основна властивість q-дайджеста полягає в тому, що він підлаштовується під дані і будує відра з майже однаковими вагами. На відміну від традиційної гістограми, алгоритм допускає накладення відер, що дає змогу розв'язувати, наприклад, задачу пошуку найпоширеніших елементів. Проблеми практичного застосування алгоритму q-дайджест полягають у тому, що він може опрацьовувати лише цілочисельні елементи, вимагає заздалегідь відомого діапазону їхніх значень і страждає від значних помилок в оцінці низьких і високих квантилей.

Алгоритм q-дайджест може бути розширено на багатовимірні дані. Наприклад, для роботи з двовимірними даними бінарне дерево може бути замінено на квадродерево.

## 5.3 t-дайджест

Одна із сучасних альтернатив точним методам оцінювання статистик на основі рангів у режимі реального часу називається *t-дайджест* (англ. t-digest), запропонований Тедом Даннінгом і Отмаром Ертлом у

2014 році [Du14]. Алгоритм дозволяє оцінювати квантилі в необмежених потоках з акцентом на екстремальні значення, такі як 0.99-квантиль. Розробка ведеться і в даний час, тому авторами періодично пропонуються оновлення та модифікації, засновані на практичному застосуванні [Du18].

Алгоритм t-дайджест представляє потік вхідних даних $\mathbb{D}$ кластерами різного розміру $\{\mathcal{C}_i\}_{i=1}^{m}$, що дає змогу підтримувати високу точність обчислення квантилів під час опрацювання великої кількості даних. Кожен такий кластер поєднує деяку підмножину вхідних елементів і має такий розмір, щоб не бути надто великим, даючи змогу оцінити квантилі інтерполяцією, але й не надто малим, щоб не отримати в підсумку занадто багато кластерів.

Кожен кластер $\mathcal{C}_i$ визначається центроїдом $c_i$ — центральним елементом кластера, що є середнім значенням елементів потоку, які роблять внесок у цей кластер, і кількістю таких елементів $c_i^{\text{count}}$. Структура даних T-DIGEST являє собою відсортований у порядку зростання список зважених центроїдів $\{(c_1, c_1^{\text{count}}), (c_2, c_2^{\text{count}}), \ldots (c_m, c_m^{\text{count}})\}$. За цією послідовністю можна оцінити максимальне значення квантиля, що відповідає кожному центроїду $c_i$:

$$q(c_i) = \frac{1}{n}\sum_{j<i} c_j^{\text{count}} + \frac{1}{n} c_i^{\text{count}}, \tag{5.4}$$

де $n = \sum_{j=1}^{m} c_j^{\text{count}}$ — загальна кількість індексованих елементів у структурі даних.

Таким чином, згідно (5.4), кожен кластер $\mathcal{C}_i$ у структурі даних T-DIGEST відповідає за певний діапазон значень квантилей $(q(c_{i-1}), q(c_i)]$, довжина якого залежить від розміру кластера — кількості елементів, що входять до цього кластера. Правильне визначення розміру кластера безпосередньо впливає на точність, що в алгоритмі t-дайджест забезпечується неспадаючою *функцією масштабування*. Така функція $k = k(q, \sigma)$ враховує бажане стиснення $\sigma$ і масштабує значення квантилей $q$ залежно від того, наскільки вони віддалені від екстремумів, тобто $q = 0$ і $q = 1$. Вибір функції масштабування має вирішальне значення для побудови гарного наближення, а всілякі альтернативні функції дають різні компроміси в плані точності [Du18a]. Наприклад, однією з часто використовуваних функцій масштабування є

$$k(q, \sigma) = \frac{\sigma}{2\pi} \arcsin(2q - 1), \tag{5.5}$$

де параметр стиснення $\sigma > 1$ (більші значення відповідають меншому стисненню).

З урахуванням обраної функції масштабування $k = k(q, \sigma)$, для кожного кластера $\mathcal{C}_i$ з центроїдом $c_i$ у структурі даних T-DIGEST можна визначити *k-розмір*, позначуваний як $\mathrm{K}(c_i)$, що відображає масштабовану довжину квантильного інтервалу для кластера:

$$\mathrm{K}(c_i) := k\left(q(c_i), \sigma\right) - k\left(q(c_{i-1}), \sigma\right), i = 2 \ldots m \tag{5.6}$$

де $\mathrm{K}(c_1) := k\left(q(c_1), \sigma\right)$.

Для того щоб обмежити кількість елементів у кластері залежно від значень квантилей, за які він відповідає, алгоритм обмежує його $k$-розмір і за допомогою нелінійних функцій масштабування продукує нерівномірні кластери, які мають більші розміри кластера для середніх квантилей та менші поблизу екстремумів (аж до одинарних кластерів, що містять лише один елемент). Більше того, алгоритм t-дайджест будує *повністю стислу* структуру даних T-DIGEST, де всі кластери $\{\mathcal{C}_j\}_{j=1}^{m}$ задовольняють наступній *дайджест-властивості*:

$$\begin{cases} \mathrm{K}(c_i) \le 1, & \text{(окрім одинарних кластерів)} \\ \mathrm{K}(c_i) + \mathrm{K}(c_{i+1}) > 1, & \end{cases} \tag{5.7}$$

яка не тільки обмежує $k$-розмір кожного кластера, а й гарантує, що будь-які два сусідні кластери не можуть бути надалі об'єднані.

На практиці для перевірки виконання обмежень дайджест-властивості (5.7) нам не потрібно наново перераховувати $k$-розмір для кожного кластера при кожній зміні. Замість цього, оскільки всі центроїди в T-DIGEST відсортовано, кількість елементів у кластері $\mathcal{C}_i$ можна обмежити, обравши межу для його очікуваного максимального значення квантиля:

$$q_{\text{limit}} = k^{-1}\left(k(q(c_i), \sigma) + 1, \sigma\right), \tag{5.8}$$

що для функції масштабування (5.5) набуває такого вигляду:

$$q_{\text{limit}} = \frac{1}{2}\left[1 + \sin\left(\arcsin\left(2 \cdot q(c_i) - 1\right) + \frac{2\pi}{\sigma}\right)\right]. \tag{5.9}$$

Спираючись на умови (5.8) для обмеження кількості елементів на кластер у T-DIGEST, ми можемо сформулювати Алгоритм 5.9 — субалгоритм злиття **Merge**, що аналогічний звичайній процедурі кластеризації.

**Алгоритм 5.9:** Злиття в T-DIGEST

```
Input: Буфер B з елементами
       {(x_1, x_1^count), (x_2, x_2^count), ... (x_b, x_b^count)}
Input: Структура даних T-DIGEST
Input: Параметр стиснення σ > 1, функція масштабування k
Output: Повністю стисла структура даних T-DIGEST
X ← sort(T-DIGEST ∪ B)
T-DIGEST ← ∅
m ← count(X), n ← Σ_{x_i∈X} x_i^count
c ← x_1, q_c ← 0
q_limit ← k^{-1}(k(q_c, σ) + 1, σ)
for i ← 2 to m do
    q̂ ← q_c + (1/n) c^count + (1/n) x_i^count
    if q̂ ≤ q_limit then
        c^count ← c^count + x_i^count
        c ← c + x_i^count · (x_i − c)/c^count
        continue
    T-DIGEST ← T-DIGEST ∪ {(c, c^count)}
    q_c ← q_c + (1/n) c^count
    q_limit ← k^{-1}(k(q_c, σ) + 1, σ)
    c ← x_i
T-DIGEST ← T-DIGEST ∪ {(c, c^count)} // останній кластер зазвичай одинарний
return T-DIGEST
```

Зчитуючи безперервний вхідний потік за допомогою буферизації, представимо вхідну послідовність із буфера у вигляді $\{(x_1, x_1^{\text{count}}), (x_2, x_2^{\text{count}}), \ldots (x_b, x_b^{\text{count}})\}$ та відсортуємо її разом із усіма центроїдами зі структури даних T-DIGEST. Далі роблячи один прохід отриманою послідовністю X, намагаємося послідовно об'єднати елементи в кластери, перевіряючи виконання дайджест-властивості.

Починаючи з найлівішого центроїда, приймаємо його кластер за поточний кластер-кандидат і обчислюємо його граничне значення $q_{\text{limit}}$ згідно з (5.8). Потім, послідовно обробляючи всі центроїди з X, ми оцінюємо їхні приблизні значення квантилів і порівнюємо їх із граничним значенням. Якщо поглинання поточного центроїда не перевищить граничне значення, ми об'єднуємо його в кластер-кандидат і продовжуємо з наступним центроїдом із послідовності X. В іншому випадку, якщо максимальна місткість кластера-кандидата досягнута і нові елементи не можуть бути додані, ми зберігаємо поточний кластер-кандидат у структурі даних T-DIGEST, створюємо новий кластер-кандидат з поточним центроїдом і наново обчислюємо граничне значення квантиля $q_{\text{limit}}$. У підсумку ми отримуємо повністю стислу структуру даних T-DIGEST.

Як можна помітити, щоразу під час відокремлення нового кластера-кандидата граничне значення $q_{\text{limit}}$ треба визначати наново, що вимагає дорогого обчислення функції масштабування та її оберненої функції відповідно до (5.8) і (5.9). На щастя, на практиці число кластерів не надто велике, а для оптимізації оцінювання граничних значень було запропоновано різні методи, зокрема, використання ефективних наближень для компонент функцій масштабування або грубе оцінювання максимальної кількості елементів, що можуть бути зведені в кожен кластер.

**Алгоритм 5.10:** Алгоритм t-дайджест

```
Input: Потік даних 𝔻 = {x_1, x_2, ..., }
Input: Розмір буфера b, параметр стиснення σ > 1, функція
       масштабування k
Input: Структура даних T-DIGEST
T-DIGEST ← ∅
while 𝔻 do
    B ← {(x_1, 1), (x_2, 1), ..., (x_b, 1)}
    T-DIGEST ← Merge(T-DIGEST, B, σ, k)
return T-DIGEST
```

Повний алгоритм t-дайджест для індексування необмеженого потоку даних є алгоритмом буферизації та злиття, що ґрунтується на ідеї опрацювання потокових даних буферами певного фіксованого розміру та безперервного об'єднання їх у структуру даних T-DIGEST.

Слід зазначити, що витрати на виконання Алгоритму 5.10 розподіляються між частими вставками вхідних елементів у буфер і рідкісними викликами Алгоритму 5.9. Оскільки вставки дешеві, загальні витрати домінують над викликами функцій сортування і масштабування в субалгоритмі злиття, які амортизуються після кількох вставок.

**Приклад 5.9:** Індексація потоку даних з t-дайджест

Розглянемо набір $n = 20$ цілих чисел із Прикладу 5.6:

$$\{0, 0, 3, 4, 1, 6, 0, 5, 2, 0, 3, 3, 2, 3, 0, 2, 5, 0, 3, 1\}.$$

Для ілюстрації візьмемо параметр стиснення $\sigma = 5$, розмір буфера $b = 10$ і функцію масштабування, задану (5.5).

Заповнюємо буфер B першими десятьма елементами з потоку:

$$\mathrm{B} = \Big\langle (0,1), (0,1), (3,1), (4,1), (1,1), (6,1), (0,1), (5,1), (2,1), (0,1) \Big\rangle.$$

Відповідно до Алгоритму 5.10, нам необхідно об'єднати елементи з буфера та центроїди, які перебувають у T-DIGEST. Однак, оскільки структура даних t-дайджест порожня, список центроїдів-кандидатів X містить тільки $n = 10$ елементів з B, які ми сортуємо в порядку зростання:

$$\mathrm{X} = \Big\langle (0,1), (0,1), (0,1), (0,1), (1,1), (2,1), (3,1), (4,1), (5,1), (6,1) \Big\rangle.$$

Вибираємо кластер-кандидат, взявши найлівіший центроїд $(0, 1)$, і обчислюємо його квантильне граничне значення $q_{\text{limit}}$ за формулою (5.9):

$$q_{\text{limit}} = \frac{1}{2}\left[1 + \sin\left(\arcsin(-1) + \frac{2\pi}{5}\right)\right] = 0.34549.$$

Далі беремо черговий елемент із X, який знову дорівнює $(0, 1)$, і оцінюємо, чи може він бути включений до кластера-кандидата без порушення дайджест-властивості. У нашому випадку це вимагає оцінки максимального значення квантиля $\hat{q}$ цього об'єднаного кластера:

$$\hat{q} = \frac{(1+1)}{10} = 0.2.$$

Оскільки $\hat{q}$ нижчий за граничне значення квантиля $q_{\text{limit}} = 0.34549$, ми можемо включити елемент $(0, 1)$ до поточного кластера-кандидата, розмір якого збільшується до $c^{\text{count}} = 2$ елементів, однак, оскільки елементи ідентичні, центроїд залишається тим самим: $c = 0$.

Аналогічно ми можемо включити наступний елемент $(0, 1)$ у кластер-кандидат, що змінить тільки кількість узагальнених кластером елементів: $c^{\text{count}} = 3$.

Далі беремо четвертий елемент із X, що дорівнює $(0, 1)$, і виконуємо ту саму процедуру, що й вище, аби перевірити можливість його включення до кластера-кандидата. Очікуваний максимальний квантиль $\hat{q}$ такого об'єднаного кластера стане

$$\hat{q} = \frac{(3+1)}{10} = 0.4,$$

що перевищує поточне граничне значення $q_{\text{limit}} = 0.34549$. Таким чином, ми припиняємо спроби поглинання інших центроїдів кластером-кандидатом, зберігаємо його в структурі даних T-DIGEST

$$\text{T-DIGEST} = \Big\langle (0, 3) \Big\rangle,$$

і запам'ятовуємо максимальне значення його квантиля як

$$q = \frac{c^{\text{count}}}{n} = 0.3.$$

З цього моменту ми починаємо будувати новий кластер-кандидат, беручи за основу поточний елемент $(0, 1)$, тому $c = 0$ і $c^{\text{count}} = 1$, а граничне значення квантиля для нього дорівнює

$$q_{\text{limit}} = \frac{1}{2}\left[1 + \sin\left(\arcsin(2 \cdot 0.3 - 1) + \frac{2\pi}{5}\right)\right] = 0.874025.$$

Далі беремо елемент $(1, 1)$. Якщо включити його в поточний кластер-кандидат, то очікуваний максимальний квантиль $\hat{q}$ дорівнюватиме

$$\hat{q} = 0.3 + \frac{(1+1)}{10} = 0.5,$$

що не перевищує поточного граничного значення. Таким чином, ми приєднуємо елемент $(1, 1)$ до поточного кластера, кількість елементів якого збільшується до $c^{\text{count}} = 2$, а центроїд набуває вигляду:

$$c = 0 + \frac{1-0}{2} = 0.5.$$

Подібним чином ми обробляємо всі інші елементи з X і структура даних T-DIGEST розростається:

$$\text{T-DIGEST} = \Big\langle (0,3), (2,5), (5,1), (6,1) \Big\rangle.$$

Продовжуючи обробляти потік даних, ми заповнюємо новий буфер

$$\text{B} = \Big\langle (3,1), (3,1), (2,1), (3,1), (0,1), (2,1), (5,1), (0,1), (3,1), (1,1) \Big\rangle,$$

об'єднуємо його зі структурою даних T-DIGEST і сортуємо отриману послідовність X у порядку зростання центроїдів:

$$\begin{aligned} \text{X} =& \Big\langle (0,3), (0,1), (0,1), (1,1), (2,5), (2,1), (2,1), \\ & (3,1), (3,1), (3,1), (3,1), (5,1), (5,1), (6,1) \Big\rangle. \end{aligned}$$

Після цього очищаємо структуру даних T-DIGEST і, починаючи з крайніх лівих елементів, знову будуємо кластери і включаємо їх у T-DIGEST. У підсумку структура даних складається з $m = 5$ кластерів:

$$\text{T-DIGEST} = \Big\langle (0.1667, 6), (2.36364, 11), (5,1), (5,1), (6,1) \Big\rangle.$$

Оскільки інформація про вихідні елементи потоку втрачена після групування (крім одинарних кластерів, де сам елемент є центроїдом), T-DIGEST зберігає потік даних із втратами.

Щоб розв'язати задачу пошуку квантиля і знайти $q$-квантиль оперуючи такою стислою структурою, необхідно застосувати інтерполяцію, беручи до уваги розподіл кластерів, отриманий функцією масштабування.

**Алгоритм 5.11:** Пошук квантиля з t-дайджест

```
Output: Структура даних Q-DIGEST з m кластерами
Input: Значення q ∈ [0, 1]
Output: q-квантиль
```

$n \leftarrow \sum_{j=1}^{m} c_j^{\text{count}}$

**if** $n \cdot q < 1$ **then**
  **return** $c_1$

**if** $n \cdot q > n - \frac{1}{2} c_m^{\text{count}}$ **then**
  **return** $c_m$

/* можна бути впевненими, що $\exists i \in [1, m) : q(c_i) + \frac{1}{2n} c_{i+1}^{\text{count}} > q$, */

/* тобто потрібний квантиль знаходиться десь між $c_i$ та $c_{i+1}$ */

**if** $c_i^{\text{count}} = 1$ **and** $q(c_i) > q$ **then**
  **return** $c_i$

**if** $c_{i+1}^{\text{count}} = 1$ **and** $q(c_{i+1}) - \frac{1}{n} \leq q$ **then**
  **return** $c_{i+1}$

$\Delta_{\text{left}} \leftarrow (c_i^{\text{count}} = 1) \mathbin{?} 1 : 0$

$\Delta_{\text{right}} \leftarrow (c_{i+1}^{\text{count}} = 1) \mathbin{?} 1 : 0$

$w_{\text{left}} \leftarrow n \cdot q - n \cdot q(c_i) + \frac{c_i^{\text{count}} - \Delta_{\text{left}}}{2}$

$w_{\text{right}} \leftarrow n \cdot q(c_i) - n \cdot q + \frac{c_{i+1}^{\text{count}} - \Delta_{\text{right}}}{2}$

**return** $\frac{c_i \cdot w_{\text{right}} + c_{i+1} \cdot w_{\text{left}}}{w_{\text{left}} + w_{\text{right}}}$

Таким чином, щоб знайти $q$-квантиль зі структури даних T-DIGEST, ми обчислюємо ранг досліджуваного елемента $x$ у цій відсортованій послідовності, який дорівнює $n \cdot q$, де $n$ — загальна кількість елементів, підсумованих у T-DIGEST. Коли ранг менший за одиницю, то як квантиль повертаємо центроїд $c_1$. Якщо ж ранг наблизився до загальної кількості елементів на половину числа елементів останнього кластера або навіть перевищив його, ми повертаємо $c_m$ як максимальний елемент послідовності. У протилежному випадку ми шукаємо кластери $\mathcal{C}_i$ і $\mathcal{C}_{i+1}$, чиї оціночні значення квантилів, задані формулою (5.4), оточують потрібне значення квантиля $q$. Якщо лівий кластер $\mathcal{C}_i$ є одинарним і його максимальний квантиль перевершує $q$, ми повертаємо центроїд $c_i$ як шуканий квантиль, який також є і фактично спостережуваним елементом. Аналогічно, якщо правий кластер $\mathcal{C}_{i+1}$ є одинарним і його оцінене мінімальне значення квантиля не перевищує задане значення квантиля $q$, тобто цей кластер відповідає за шуканий квантиль, ми беремо центроїд $c_{i+1}$ як найкращу оцінку для нього. В іншому разі, обчислюючи ваги й оцінюючи внесок кожного такого кластера, будуємо інтерполяцію, повертаючи середньозважене значення центроїдів з обох кластерів як $q$-квантиль.

Алгоритм оцінювання квантилів залежить від вибору функції масштабування і, застосовуючи агресивніші функції, що створюють більший хвіст одинарних кластерів на краях, його можна налаштувати для підвищення точності обчислення екстремальних квантилів [Du18]. Крім того, на практиці рекомендується окремо зберігати мінімальні та максимальні елементи під час індексації, щоб використовувати їх під час інтерполяції.

**Приклад 5.10:** Пошук квантиля з t-дайджест

Розв'яжемо задачу пошуку 0.65-квантиля зі структури даних T-DIGEST, побудованої в Прикладі 5.9:

$$\text{T-DIGEST} = \Big\langle (0.1667, 6), (2.36364, 11), (5, 1), (5, 1), (6, 1) \Big\rangle.$$

Загальна кількість елементів у T-DIGEST дорівнює сумі лічильників усіх кластерів, тобто в нашому випадку $n = 20$. Ранг шуканого елемента $x$ дорівнює $n \cdot q = 20 \cdot 0.65 = 13$, що не менше одиниці і не надто близько до $n$, тому ми починаємо пошук двох послідовних кластерів $\mathcal{C}_i$ і $\mathcal{C}_{i+1}$, центроїди яких будуть оточувати шуканий елемент $x$. У поточній структурі даних T-DIGEST це $\mathcal{C}_2$ і $\mathcal{C}_3$, тому що

$$q(c_2) + \frac{1}{2 \cdot 20} c_3^{\text{count}} = \frac{6 + 11}{20} + \frac{1}{40} = 0.875 > 0.65,$$

відповідно до Алгоритму 5.11.

Оскільки кластер $\mathcal{C}_3$ є одинарним, тобто має $c_3^{\text{count}} = 1$, необхідно перевірити, чи може його центроїд виявитися найкращим вибором. Для цього ми обчислюємо

$$q(c_3) - \frac{1}{20} = \frac{6 + 11 + 1}{20} - \frac{1}{20} = 0.85,$$

що все ще перевищує значення $q = 0.65$, одже значення $c_3$ не може бути використано як значення квантиля.

Дотримуючись Алгоритму 5.11, шуканий квантиль можна оцінити інтерполяцією з використанням середньозваженого значення центроїдів. У зв'язку з тим, що тільки правий кластер $\mathcal{C}_3$ є одинарним, встановлюємо $\Delta_{\text{right}} = 1$, а $\Delta_{\text{left}} = 0$. Таким чином, ваги інтерполяції дорівнюють

$$w_{\text{left}} = 20 \cdot 0.65 - 20 \cdot q(c_2) + \frac{c_2^{\text{count}} - 0}{2} = 13 - 20 \cdot \frac{6 + 11}{20} + \frac{11}{2} = 1.5,$$
$$w_{\text{right}} = 20 \cdot q(c_2) - 20 \cdot 0.65 + \frac{c_3^{\text{count}} - 1}{2} = 20 \cdot \frac{6 + 11}{20} - 13 + \frac{1 - 1}{2} = 4.$$

Нарешті, приблизне значення 0.65-квантиля для набору даних із Прикладу 5.9 становить

$$x = \frac{c_2 \cdot w_{\text{right}} + c_3 \cdot w_{\text{left}}}{w_{\text{left}} + w_{\text{right}}} = \frac{2.36364 \cdot 4 + 5 \cdot 1.5}{1.5 + 4} = 3.08,$$

що досить близько до точного значення 3 для цього набору даних.

Також ми можемо використовувати структуру даних T-DIGEST для розв'язування оберненої задачі пошуку квантиля і знайти ранг певного елемента $x$, діючи аналогічно до задачі пошуку квантиля.

Починаємо з порівняння елемента $x$ до мінімального і максимального центроїдів у структурі даних T-DIGEST, які є крайнім лівим і крайнім правим кластерами відповідно. Якщо $x$ потрапляє за межі цього діапазону, ми просто повертаємо або 1, або загальну кількість елементів $n$ як передбачуване значення рангу, залежно від того, з якого боку розташований елемент. В іншому випадку ми шукаємо елемент $x$ серед центроїдів. Якщо такі кластери знайдено, ми підсумовуємо їхню кількість і повертаємо $\text{rank}(x)$ як ранг кластера з найменшим індексом, скоригований на цю суму. Якщо ж жодна з наведених вище перевірок не дала результату, ми можемо бути певні, що елемент $x$ потрапляє між центроїдами деяких послідовних кластерів, скажімо $(c_i, c_{i+1})$, і його ранг вже точно не менший за $n \cdot q(c_i)$. Якщо обидва ці кластери є одинарними, тобто їхні центроїди є саме тими вхідними елементами, що були включені, нам не потрібно коригувати це значення, а достатньо повернути його в якості шуканого рангу. Якщо тільки один із цих кластерів є одинарним, ми коригуємо ранг за масштабованим внеском іншого кластера для отримання остаточного значення. У протилежному випадку ми будуємо інтерполяцію, використовуючи розміри обох кластерів, коригуючи таким чином значення рангу.

**Алгоритм 5.12:** Оцінка рангу з t-дайджест

```
Input: Елемент x
Output: Структура даних T-DIGEST
Output: Ранг елемента
n ← Σ_{j=1}^{m} c_j^{count}
if x < c_1 then
    return 1
if x > c_m then
    return n
/* перевіримо, чи є x одним із центроїдів                         */
if ∃j : c_j = x then
    J ← {j : c_j = x}, i* ← min(J)
    return n · q(c_{i*}) − c_{i*}^{count} + 1/2 Σ_{j∈J} c_j^{count}
/* можна бути впевненими, що ∃i ∈ [1, m) : x ∈ (c_i, c_{i+1})     */
rank ← n · q(c_i)
if c_i^{count} = 1 and c_{i+1}^{count} = 1 then
    return rank
x̂ ← (x − c_i) / (c_{i+1} − c_i)
if c_i^{count} = 1 then
    return rank + x̂/2 · c_{i+1}^{count}
if c_{i+1}^{count} = 1 then
    return rank − (1−x̂)/2 · c_i^{count}
return rank + x̂/2 · c_{i+1}^{count} − (1−x̂)/2 · c_i^{count}
```

Як уже згадувалося раніше, для розв'язання задачі пошуку інтерквартильного розмаху достатньо знайти оцінки рангів для меж діапазону $a$ і $b$, і обчислити їхню різницю.

## Властивості

Існує очевидний компроміс між розміром структури даних T-DIGEST, контрольованим параметром стиснення $\sigma$, швидкістю роботи і точністю оцінки квантилей. При меншому значенні $\sigma$ і великому розмірі буфера $b$, ми можемо досягти більш високої швидкості при незмінному використанні пам'яті. Для найбільшої точності краще використовувати більші $\sigma$, щоб мати менше стиснення і більший буфер (наприклад, $10 \times \sigma$), а для найменшої пам'яті — менший буфер і більші значення параметра стиснення $\sigma$.

Як продемонстрували автори алгоритму t-дайджест, у разі використання функції масштабування (5.5) кількість кластерів $m$ у структурі даних T-DIGEST, яка задовольняє дайджест-властивості (5.7) та індексований $n \geq \frac{\sigma}{2}$ елементами, перебуває в діапазоні

$$\left\lfloor \frac{\sigma}{2} \right\rfloor \leq m \leq \lceil \sigma \rceil. \tag{5.10}$$

**Приклад 5.11:** Оцінка пам'яті

Припустимо, що нам необхідно індексувати принаймні $n = 1000$ елементів з параметром стиснення $\sigma = 100$. Згідно (5.10), ми можемо очікувати від 50 до 100 кластерів у повністю стислій структурі даних T-DIGEST.

У T-DIGEST кожен кластер представлений його центроїдом і кількістю індексованих елементів. Таким чином, маючи 32-бітові лічильники і 64-бітове число подвійної точності з плаваючою крапкою для значення центроїда, увесь центроїд займає 12 байт пам'яті, а вся структура даних поміщається в 1.2 КБ пам'яті.

Для високої точності ми зазвичай використовуємо буфер, що вдесятеро перевищує параметр стиснення, і, маючи $b = 10 \cdot \sigma = 1000$, можемо виділити менші 16-бітові лічильники та 64-бітові числа подвійної точності з плаваючою комою для елементів у буфері, що в підсумку вимагає додаткових 10 КБ пам'яті під час виконання.

Алгоритм t-дайджест підтримує точність $\varepsilon$ при оцінці $q$-квантилей, яка пропорційна $q \cdot (1 - q)$. На відміну від інших алгоритмів, що обмежують тільки постійну абсолютну помилку, у t-дайджест відносна помилка теж обмежена, що робить його стійким до значних помилок для екстремальних квантилей. Перевагою t-дайджест перед q-дайджест є його здатність до оброблення дійсних значень, у той час як q-дайджест, як ми вже бачили, працює тільки з цілими числами із заданого діапазону.

Дві структури даних T-DIGEST можна легко об'єднати за допомогою цього ж алгоритму, але отримана структура даних не збігається з T-DIGEST, побудованою для об'єднаного вхідного потоку. Однак емпіричні результати показують, що об'єднання забезпечує хороші оцінки шуканих значень, тому можна паралельно будувати T-DIGEST для різних частин потоку даних і об'єднувати їх для отримання необхідних оцінок. Це робить алгоритм паралельним і вельми корисним для застосування з MapReduce і під час потокової обробки даних у застосунках Big Data.

Алгоритм t-дайджест стає дедалі популярнішим і вже використовується для обчислення процентилів в Elasticsearch, а також доступний у stream-lib і Apache Mahout.

# Підсумок

У цьому розділі ми розглянули ефективні потокові алгоритми та структури даних, які широко використовуються для обчислення рангових характеристик з використанням невеликого обсягу пам'яті та одного проходу даними. Ми вивчили популярний алгоритм вибірки, відомий деревоподібний алгоритм узагальнення потоків, а також його сучасну альтернативу, засновану на одновимірній кластеризації. За допомогою цих алгоритмів можна знаходити ранги елементів у потоці даних, різні квантилі та оцінювати кількість елементів у заданому діапазоні.

Якщо вас цікавить детальніша інформація про матеріал, який тут розглядається, або ви хочете прочитати оригінальні статті, будь ласка, зазирніть до списку літератури, що йде за цим розділом.

У наступному розділі ми розглянемо проблему подібності документів різної природи, одну з фундаментальних задач аналізу даних. Ми вивчимо різні визначення подібності й ефективні ймовірнісні алгоритми, які вирішують проблему пошуку подібних документів у величезних масивах даних.

# Бібліографія


[Ma99] Manku, G., et al. (1999) "Random sampling techniques for space efficient online computation of order statistics of large datasets", *Proceedings of the 1999 ACM SIGMOD International conference on Management of data*, Philadelphia, Pennsylvania, USA - May 31–June 03, 1999, pp. 251–262, ACM New York, NY.

[Co06] Cormode, G., et al. (2006) "Space- and time-efficient deterministic algorithms for biased quantiles over data streams", *Proceedings of the 25th ACM SIGMOD-SIGACT-SIGART symposium on Principles of database systems*, Chicago, IL — June 26–28, 2006, pp. 263–272, ACM New York, NY.

[Co08] Cormode, G., Hadjieleftheriou, M. (2008) "Finding frequent items in data streams", *Proceedings of the VLDB Endowment*, Vol. 1 (2), pp. 1530–1541.

[Du18a] Dunning, T. (2018) "The Size of a t-Digest", *github.com*, https://github.com/tdunning/t-digest/blob/779ab7b/docs/t-digest-paper/sizing.pdf, Accessed Jan. 19, 2019.

[Du14] Dunning, T., Ertl, O. (2014) "Computing Extremely Accurate Quantiles Using t-Digests", *github.com*, https://github.com/tdunning/t-digest/blob/t-digest-

1.0/docs/theory/t-digest-paper/histo.pdf, Accessed Jan. 12, 2019.

[Du18] Dunning, T., Ertl, O. (2018) "Computing Extremely Accurate Quantiles Using t-Digests", *github.com*, https://github.com/tdunning/t-digest/blob/779ab7b/docs/t-digest-paper/histo.pdf, Accessed Jan. 19, 2019.

[Gr01] Greenwald, M., Khanna, S. (2001) "Space-Efficient Online Computation of Quantile Summaries", *Proceedings of the 2001 ACM SIGMOD International conference on Management of data*, Santa Barbara, California, USA - May 21–24, 2001, pp. 58–66, ACM New York, NY.

[Lu16] Luo, G., Wang, L., Yi, K. et al. (2016) "Quantiles over data streams: experimental comparisons, new analyses, and further improvements", *The VLDB Journal*, Vol. 25 (4), pp. 449–472.

[Sh04] Shrivastava, N., et al. (2004) "Medians and Beyond: New Aggregation Techniques for Sensor Networks", *Proceedings of the 2nd International conference on Embedded networked sensor systems*, Baltimore, MD, USA - November 03–05, 2004, pp. 58–66, ACM New York, NY.

[Wa13] Wang, L., et al. (2013) "Quantiles over data streams: an experimental study", *Proceedings of the 2013 ACM SIGMOD International conference on Management of data*, New York, NY, USA - June 22–27, 2013, 2013, pp. 737–748, ACM New York, NY.

# 6

# Подібність

Оцінка подібності є фундаментальною проблемою аналізу даних, яка в останні два десятиліття привертає дедалі більше уваги дослідників. Говорячи про відносини двох документів[1], ми здебільшого хочемо виокремити "майже однакові" документи та знайти спосіб числового вираження *подібності*.

Подібність відіграє важливу роль для застосунків Big Data і може бути використана для скорочення часу обробки та оптимізації обчислювальних ресурсів. Наприклад, за її допомогою можна виключити дані, які вже були оброблені, навіть якщо вони не повністю збігаються або мають відмінну форму. Інший приклад — розробка різних методів вибірки для аналізу настільки великих обсягів даних,

[1]"Документи" можуть бути об'єктами будь-якої природи, наприклад, текстами, зображеннями тощо

які неможливо фізично обробити повністю. Під час роботи з даними з кількох класів, замість того, щоб просто обирати, скажімо, кожен n-й документ із набору даних (що може призвести до незбалансованого опрацювання класів), можна розробити міру подібності для групування документів одного класу разом та опрацьовувати рівні підмножини з кожного класу, зберігаючи збалансованість опрацювання.

**Приклад 6.1:** ДНК-послідовності (Xie et al., 2015)

Стрімкий розвиток технологій секвенування ДНК в останні роки призвів до появи величезної кількості виявлених послідовностей ДНК. Оцінка подібності між ними є найважливішою відправною точкою для аналізу геномної інформації та має широкий спектр застосування. Однак бази даних ДНК містять колосальну кількість документів, де одні й ті самі дані можуть зберігатися в різних формах, і ефективний пошук схожих послідовностей є вкрай важливим.

Найвідомішою проблемою, пов'язаною з визначенням подібності, є *задача пошуку найближчого сусіда* для заданого документа, а саме документа, що найбільше схожий на нього серед усього набору даних. Наявність ефективного алгоритму для пошуку найближчого сусіда у великій базі даних може прискорити на кілька порядків багато важливих застосунків, таких як пошук документів, зіставлення зображень тощо.

Просте рішення полягає у використанні лінійного сканування, переборі всіх наявних документів і порівнянні їх із заданим. Такий підхід, безсумнівно, гарантує точне знаходження найближчого сусіда, але вимагає $O(n)$ часу, де кількість пар $n$ величезна. У багатовимірних просторах проблема пошуку найближчого сусіда стає ще складнішою.

Таким чином, важливу роль відіграють рішення з сублінійним часом виконання, які приблизно знаходять найближчого сусіда, що прийнятно в більшості практичних випадків. Більш того, на практиці нас цікавить розв'язання наближеної задачі пошуку найближчого сусіда або, більш формально, $\varepsilon$–*задачі пошуку найближчого сусіда*, яка полягає в знаходженні з деякою високою ймовірністю $1 - \varepsilon$

найближчого сусіда для заданого документа у великому наборі даних. Безпосереднім застосуванням пошуку найближчого сусіда є виявлення дублікатів (точних і неточних) — документів, які тільки певною мірою схожі на заданий документ.

**Приклад 6.2:** Авторське право (Broder et al., 1997)

Виявлення дублікатів, незаконних копій або модифікацій дуже важливе для забезпечення захисту інтелектуальної власності та запобігання плагіату.

Розглядаючи оригінальний документ, можна виконати пошук найближчих сусідів для пошуку інших документів, схожих на нього повністю або частково, які, можливо, незаконно з нього скопійовані та незначно відредаговані для приховування слідів.

Іншим важливим застосуванням задачі пошуку найближчого сусіда є *кластеризація* — задача об'єднання документів у такий спосіб, щоб документи в групі (кластері) були схожіші один на одного, ніж на інші документи поза групою, або іншими словами, задача об'єднання подібних документів разом.

Концептуально, для пошуку подібних документів у наборі даних необхідно порівняти кожен документ з кожним документом, що вимагає оцінки приблизно квадратичного числа пар. Так, для 1 мільйона документів існує близько 500 мільярдів ($5 \cdot 10^{11}$) пар, і, оцінюючи $10^6$ пар на секунду, знадобиться майже шість днів, щоб обробити всі документи, що малопрактично.

Оскільки сама проблема подібності є нечіткою, цілком природно використовувати ймовірнісні алгоритми для її розв'язання.

## Подібність за Жаккаром

Якщо подібність між документами довільної форми не відразу очевидна, то для подібності множин математика вже розробила солідну теорію. Таким чином, представляючи документи як сукупності якихось атрибутів, проблему подібності документів можна звести до задачі перетину їхніх множин і оцінювати, наприклад, за допомогою випадкової вибірки атрибутів, зробленої незалежно для кожного з документів.

Існує багато різних способів представити документ довільної природи у вигляді множини. Взагалі кажучи, необхідно визначити важливі характеристики документа — *терми*, що описують його найкращим чином, і представити документ як їхню просту колекцію. Щоб мати можливість порівнювати документи з більшою ефективністю, важливо визначити *канонічну колекцію термів*, які залишаються незмінними для тих документів, що відрізняються лише інформацією, яку зазвичай ігнорують як беззмістовну (наприклад, для текстових документів ми часто ігноруємо пунктуацію, регістр символів, форматування, тощо). Крок попереднього приведення документів до їхньої канонічної форми називається *нормалізацією*.

**Приклад 6.3:** Терми для музичних треків

У задачі пошуку аудіо відповідностей має сенс використовувати терми, стійкі до поширених видів перетворень, що здійснюються над аудіопотоком. Наприклад, можна відзначити стрибки в спектрі й закодувати їхнє положення в часі та просторі як набір сигнатур, що описують конкретний звуковий файл.

На відміну від цього, для пісень можна здобувати характеристики на основі дрібночастотних кепстральних коефіцієнтів (англ. MFCC), які являють собою короткочасне спектральне розкладання музичного кліпу, що передає загальні частотні характеристики, важливі для людського слуху. Розглядаючи пісню як набір кадрів MFCC, можна визнати дві пісні подібними, якщо вони мають однакові кадри, незалежно від їхнього порядку.

Інший приклад показує різні способи вибору термів у текстових документах.

**Приклад 6.4:** Шинглінг текстових документів

Для текстових документів найбільш відомим методом представлення їх у вигляді колекцій термів є *шинглінг* (англ. shingling), де *шингл* — безперервна підпослідовність, яка міститься в документі. Для кожного документа можна визначити колекцію *w-шинглів*, яка включає всі шингли деякого наперед визначеного розміру $w$, що містяться в документі.

Наприклад, розглянемо текстовий документ *"The quick brown fox jumps over the lazy dog"* і побудуємо шингли з 6 послідовних символів:

*"the qu", "he qui", "e quic", " quick", "quick ", "uick b", "ick br", "ck bro", "k brow"* и т. д.

Інший підхід полягає у використанні токенізації слів, для чого наш приклад може бути зведений до простого розбиття документа пробілами, в якому ми будуємо шингли з послідовності слів. Наприклад, 3-шингли (3-грами) матимуть такий вигляд:

*"the quick brown", "quick brown fox", "brown fox jumps", "fox jumps over", "jumps over the", "over the lazy", "the lazy dog".*

На жаль, довжина шинглів може сильно варіюватися, і виділити компактну структуру даних буває досить складно. Замість цього, можна перетворити шингли в об'єкти фіксованої довжини, застосувавши класичну хеш-функцію, яка перетворить їх до потрібної кількості бітів, наприклад, отримуючи 8-бітні значення. Цей підхід вносить деяку додаткову ймовірність колізії, але здатен радикально зменшити необхідний простір.

Якщо два документи $d_A$ і $d_B$ представлено як набори термів, можна математично обчислити їхню подібність, використовуючи *міру Жаккара* $J(d_A, d_B)$, що показує співвідношення загальних термів в обох документах, і виражається числом між нулем і одиницею, причому воно близьке до одиниці для більш подібних документів:

$$J(d_A, d_B) = \frac{|d_A \cap d_B|}{|d_A \cup d_B|}. \quad (6.1)$$

Міра Жаккара точних дублікатів дорівнює одиниці. При цьому можна вважати документи найближчими сусідами, якщо їхня подібність перевищує деяке задане порогове значення $0 < \theta < 1$.

При обчисленні міри Жаккара для великих документів достатньо зберігати уривки фіксованого розміру для кожного документа. Вони можуть створюватися дуже швидко, а подібність за Жаккаром оцінюється за лінійний час, зумовлений розміром таких уривків.

**Приклад 6.5:** Подібність за Жаккаром

Медичні симптоми можуть бути використані як терми для захворювань. Розглянемо п'ять відомих захворювань разом з їхніми найпоширенішими симптомами[2]:

| | Захворювання | Симптоми |
|---|---|---|
| $d_1$ | алергічний риніт | *чхання, свербіж, нежить* |
| $d_2$ | застуда | *нежить, біль у горлі, головний біль, біль у м'язах, кашель, чхання, лихоманка, втрата смаку* |
| $d_3$ | грип | *лихоманка, ломота в тілі, втома, кашель, біль у горлі, головний біль, порушення сну, втрата апетиту, діарея, нудота* |
| $d_4$ | кір | *нежить, кашель, червоні очі, лихоманка, сірувато-білі плями, висип* |
| $d_5$ | розеола | *лихоманка, нежить, кашель, діарея, втрата апетиту, опухлі гланди, висип* |

Інтуїтивно можна очікувати, що *застуда* трохи більше схожа на *грип*, ніж на *розеолу*; *розеола* має бути схожою на *кір*, а *алергічний риніт* повинен сильно відрізнятися від решти. Давайте обчислимо міру Жаккара для цих "документів".

Документи $d_2$ і $d_3$ мають загалом 14 різних симптомів, але спільних із них лише 4 (*кашель*, *лихоманка*, *головний біль*, *біль у горлі*). Отже подібність дорівнює 0.2857 або близько 29%:

$$\mathrm{J}(d_2, d_3) = \frac{4}{14} = 0.2857. \tag{6.2}$$

Далі порівнюємо документи $d_4$ та $d_5$, які мають загалом 9 різних симптомів, з яких 4 наявні в обох документах, тож подібність становить 44%:

$$\mathrm{J}(d_4, d_5) = \frac{4}{9} = 0.44. \tag{6.3}$$

Порівняння $d_1$ і $d_3$ не дає нам жодних загальних симптомів, тому $\mathrm{J}(d_1, d_3) = 0$ і це два різних захворювання, які складно переплутати.

[2]Більше про захворювання та методи лікування на NHS Choices `https://www.nhs.uk`

Об'єднання всіх термів усіх документів називається *універсальною множиною* $\Omega$. Кожен документ можна уявити як бітовий масив, де встановлені біти відповідають присутнім у документі термам із $\Omega$.

Універсальна множина зазвичай набагато більша, ніж набір термів конкретного документа, тому бітові масиви документів складаються з великої кількості невстановлених бітів (дуже розріджені).

**Приклад 6.6:** Бітовий масив документа

Розглянемо універсальну множину для документів із Прикладу 6.5.

| Індекс | Симптом |
|---|---|
| 0 | ломота в тілі |
| 1 | кашель |
| 2 | діарея |
| 3 | порушення сну |
| 4 | втома |
| 5 | лихоманка |
| 6 | сірувато-білі плями |
| 7 | головний біль |
| 8 | свербіж |
| 9 | втрата апетиту |

| Індекс | Симптом |
|---|---|
| 10 | втрата смаку |
| 11 | біль у м'язах |
| 12 | нудота |
| 13 | висип |
| 14 | червоні очі |
| 15 | нежить |
| 16 | чхання |
| 17 | біль у горлі |
| 18 | опухлі гланди |

Бітовий масив, що відповідає документу $d_3$ (*грип*) у порядку слідування термів, має такий вигляд:

| 0 | 1 | 2 | 3 | 4 | 5 | 6 | 7 | 8 | 9 | 10 | 11 | 12 | 13 | 14 | 15 | 16 | 17 | 18 |
|---|---|---|---|---|---|---|---|---|---|---|---|---|---|---|---|---|---|---|
| 1 | 1 | 1 | 1 | 1 | 1 | 0 | 1 | 0 | 1 | 0 | 0 | 1 | 0 | 0 | 0 | 0 | 1 | 0 |

Наприклад, встановлений біт у позиції 5 (що відповідає *лихоманці*) означає, що це симптом для *грипу*, а невстановлений біт у позиції 13 вказує, що *висип* не є симптомом.

*Міра Жаккара* для двох бітових масивів документів — це відношення числа встановлених бітів для обох документів (тобто таких, що мають одиниці в однакових бітових позиціях) до загальної кількості бітів, встановлених для одного або іншого документа.

Двійкове представлення документів кодує тільки факт присутності терма в документі, але не може відповісти на питання про частоту його появи і не підтримує можливі пріоритети термів. Наприклад, у Прикладі 6.5 багато хвороб мають *кашель*, *лихоманку* та *нежить* в якості симптомів тільки тому, що це універсальний спосіб захисту організму, незалежно від конкретної хвороби. Однак це робить безліч різних захворювань дещо більш схожими одне на одне, і для виявлення "справді" схожих захворювань нам необхідно використовувати різні спеціальні підходи. Наприклад, модель TF–IDF віддає пріоритет більш унікальним термам між документами, і представляє документи як щільні вектори ваг їхніх термів. На жаль, міра Жаккара (6.1) не може бути застосована в даному випадку, і нам необхідно використовувати інші визначення подібності, такі як міра Ружички або міра Отіайі (косинусна подібність) .

## Косинусна подібність

Інший погляд на математичну формалізацію документів полягає в поданні їх у вигляді *щільних* векторів зважених термів, де ваги можуть відображати важливість термів.

Текстові документи є основними об'єктами такої формалізації завдяки популярності моделі векторного простору[3] (англ. Vector Space Model), що представляє документи у вигляді щільних векторів у деякому векторному просторі термів. Наприклад, модель TF–IDF розглядає документи як вектори ваг термів, які дорівнюють відносній частоті терма в документі (частота терма, англ. TF), нормованій на відносну кількість документів у наборі даних, які містять цей терм (обернена частота документа, англ. IDF).

**Приклад 6.7:** Модель векторного простору

Розглянемо документи з Прикладу 6.5 і побудуємо їхнє векторне представлення за допомогою моделі TF–IDF. Ми трактуємо кожен симптом $s_j$ як терм і обчислюємо його вагу $w_j$ для документа на основі поширеності в наборі даних. Ідея полягає в тому, щоб віддати пріоритет термам, які частіше зустрічаються в конкретному документі, але дуже рідкісні в усьому наборі даних, що може бути показником того, що вони

[3] G. Salton et al., A vector space model for automatic indexing, 1975

краще характеризують документ.

Як і в Прикладі 6.6, зафіксуємо певний порядок слідування симптомів і визначимо універсальну множину $\Omega$ з 19 унікальних термів, що задають розмірність векторного простору документів.

| Терм | Симптом | Кількість документів |
|---|---|---|
| $s_0$ | ломота в тілі | 1 |
| $s_1$ | кашель | 4 |
| $s_2$ | діарея | 1 |
| $s_3$ | порушення сну | 1 |
| $s_4$ | втома | 1 |
| $s_5$ | лихоманка | 4 |
| $s_6$ | сірувато-білі плями | 1 |
| $s_7$ | головний біль | 2 |
| $s_8$ | свербіж | 1 |
| $s_9$ | втрата апетиту | 2 |
| $s_{10}$ | втрата смаку | 1 |
| $s_{11}$ | біль у м'язах | 1 |
| $s_{12}$ | нудота | 1 |
| $s_{13}$ | висип | 2 |
| $s_{14}$ | червоні очі | 1 |
| $s_{15}$ | нежить | 4 |
| $s_{16}$ | чхання | 2 |
| $s_{17}$ | біль у горлі | 2 |
| $s_{18}$ | опухлі гланди | 1 |

У нашому випадку всі симптоми зустрічаються в документах рівно один або нуль разів, тому замість чистої частоти ми використовуємо частоту термів, скориговану з урахуванням довжини документа — *відносну частоту* $f_j^d$. Для наочності результатів, ми додатково їх масштабуємо і округляємо ваги до цілих чисел:

$$w_j = 100 \cdot f_j^d \cdot \log \frac{n}{n_j},$$

де $n_j$ — кількість документів, що містять терм $s_j$, а $n$ — загальна кількість усіх документів у наборі даних.

Розглянемо документ $d_3$ (*грип*) і побудуємо його подання у вигляді вектора зважених термів. Терм $s_0$ (*ломота в тілі*) є одним із 10 термів для документа $d_3$, його відносна частота дорівнює $f_0^3 = \frac{1}{10} = 0.1$;

оскільки жоден інший документ не містить цей терм, $n_0 = 1$, а загальне число документів $n = 5$:

$$w_0^3 = 0.1 \cdot \log \frac{5}{1} \approx 16.$$

Аналогічно терм $s_1$ (*кашель*) з'являється один раз у документі $d_3$, тому $f_1^3 = 0.1$, але він міститься також у чотирьох інших документах із набору даних, тому $n_1 = 4$ і його вага становить

$$w_1^3 = 1 \cdot \log \frac{5}{4} \approx 2.$$

Ми продовжуємо обробляти всі терми, і якщо якийсь терм з універсальної множини не присутній у документі, то його вага дорівнює нулю, незалежно від інших підрахунків.

Остаточне векторне подання документа $d_3$ має вигляд:

| 16 | 2 | 9 | 16 | 16 | 2 | 0 | 9 | 0 | 9 | 0 | 0 | 16 | 0 | 0 | 0 | 0 | 9 | 0 |
|---|---|---|---|---|---|---|---|---|---|---|---|---|---|---|---|---|---|---|

Одна з популярних мір подібності для векторів, *косинусна міра* $c(d_A, d_B)$, становить величину кута $\alpha = \alpha(d_A, d_B)$ між ненульовими векторами документів $d_A$ і $d_B$:

$$c(d_A, d_B) = \cos(\alpha) = \frac{d_A \cdot d_B}{\|d_A\|_2 \cdot \|d_B\|_2}. \tag{6.4}$$

Косинусна подібність фокусується на орієнтації векторів документів, а не на їхній величині. Якщо два вектори документів ортогональні в просторі (отже, такі документи абсолютно не схожі), то кут між ними дорівнює $90°$ і косинусна міра дорівнює $cos\ 90° = 0$. З іншого боку, якщо кут між векторами документів близький до $0°$, то документи приблизно однакові і їхня косинусна міра близька до одиниці.

Хоча функція косинуса може набувати значень у діапазоні $[-1, 1]$, у більшості задач інформаційного пошуку вектори документів мають тільки позитивні компоненти, тому кут не перевищує $90°$ і косинусна міра невід'ємна.

**Приклад 6.8:** Косинусна подібність

Розглянемо колірний простір RGB, який визначає колірну гаму *червоний* (R), *зелений* (G) і *синій* (B). Кожен підтримуваний колір може бути представлений невід'ємними 8-бітними значеннями R, G і B. Наприклад, *червоний* має максимальне значення 255 у каналі R і нулі в інших каналах.

Більшість людей можуть визначати схожі кольори без додаткових зусиль, але давайте оцінимо їхню косинусну подібність. Розглянемо список кольорів як у таблиці нижче.

| | Колір | R | G | B |
|---|---|---|---|---|
| $d_1$ | червоний | 255 | 0 | 0 |
| $d_2$ | темно-червоний | 139 | 0 | 0 |
| $d_3$ | рубіновий | 224 | 17 | 95 |
| $d_4$ | блакитний | 0 | 191 | 255 |

З іншого боку, документи можна зобразити як радіус-вектори в тривимірному просторі RBG:

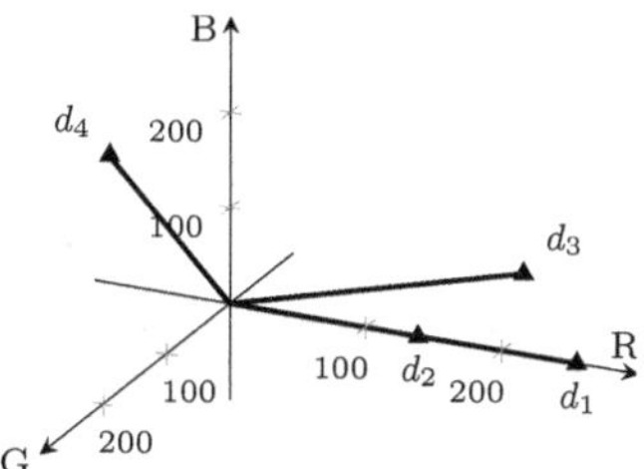


Обчислимо подібність між документами $d_1$ (*червоний*) і $d_2$ (*темно-червоний*), які інтуїтивно мають бути дуже схожими:

$$c(d_1, d_2) = \frac{255 \cdot 139 + 0 \cdot 0 + 0 \cdot 0}{\sqrt{255^2 + 0^2 + 0^2} \cdot \sqrt{139^2 + 0^2 + 0^2}} = 1.$$

Відтак, згідно з косинусною мірою, документи абсолютно однакові, це пов'язано з тим, що для косинусної подібності важлива орієнтація (той факт, що обидва документи мають значення тільки в каналі R), але не величина векторів (фактичне значення в каналі).

Далі розглянемо документ $d_4$ (*блакитний*), який має сильно контрастувати з $d_1$ (*червоний*), і оцінимо їхню косинусну подібність:

$$c(d_1, d_4) = \frac{255 \cdot 0 + 0 \cdot 191 + 0 \cdot 255}{\sqrt{255^2 + 0^2 + 0^2} \cdot \sqrt{0^2 + 191^2 + 255^2}} = 0.$$

Безумовно, ці документи ортогональні, що підтверджує і нульова косинусна міра.

Далі розглянемо документ $d_3$ (*рубіновий*), який має значення у всіх каналах, і знайдемо, на який колір він більше схожий:

$$c(d_3, d_4) = \frac{224 \cdot 0 + 17 \cdot 191 + 95 \cdot 255}{\sqrt{224^2 + 17^2 + 95^2} \cdot \sqrt{0^2 + 191^2 + 255^2}} = 0.32$$

та

$$c(d_3, d_1) = \frac{224 \cdot 255 + 17 \cdot 0 + 95 \cdot 0}{\sqrt{224^2 + 17^2 + 95^2} \cdot \sqrt{255^2 + 0^2 + 0^2}} = 0.92.$$

Отже, *рубіновий* більше схожий на червоний, ніж на *блакитний*, що передбачувано, оскільки він представляє "колір огранованого і відполірованого рубіна" і є, звісно ж, відтінком червоного.

Тепер ми вивчимо загальну концепцію для ефективного пошуку близьких дублікатів документів, а потім перейдемо до її відомих реалізацій, які відповідають різним визначенням подібності.

## 6.1 Locality–Sensitive Hashing

Схему *Locality–Sensitive Hashing* (LSH) було запропоновано Петром Індиком і Раджівом Мотвані 1998 року [In98] як сімейство функцій із властивістю, що схожі вхідні об'єкти (з області дії таких функцій) мають більшу ймовірність колізії у просторі хеш-значень, аніж несхожі. Інтуїтивно LSH виходить з того, що якщо два документи будь-якої природи близькі один до одного, то після застосування цих хеш-функцій результуючі хеш-значення цих документів також залишаться близькими.

Locality–Sensitive хеш-функції радикально відрізняються від звичайних хеш-функцій, оскільки їхня мета — максимізувати ймовірність колізії схожих елементів, у той час як інші намагаються її мінімізувати. Якщо ми розглянемо два документи, що відрізняються лише одним байтом, і застосуємо до них класичну хеш-функцію (наприклад, MurmurHash3 або MD5), то хеш-значення будуть абсолютно різними, бо мета цих хеш-функцій — підтримувати низьку ймовірність колізії і забезпечувати високу дифузію.

Для побудови Locality–Sensitive хеш-функцій, що зберігають подібність між документами, необхідно знати, як виміряти таку подібність $\mathrm{Sim}(d_{\mathrm{A}}, d_{\mathrm{B}})$ і розрізняти подібні об'єкти за допомогою певного порогового значення $\theta$.

Міру подібності слід обирати, виходячи з конкретної практичної задачі, причому різні міри подібності призводять до різних сімейств функцій LSH. Однак не кожна міра подібності може бути використана для побудови Locality–Sensitive хеш-функцій. Наприклад, було доведено, що їх неможливо побудувати для таких популярних метрик, як коефіцієнти Серенсена та Сімпсона.

Locality–Sensitive хеш-функція $h$ — це функція, яка на основі деякого обраного ступеня подібності відображає кожен документ із набору даних так, що ймовірність колізії P вища для більш схожих документів:

$$\begin{cases} \Pr\left(h(d_{\mathrm{A}}) = h(d_{\mathrm{B}})\right) \geq p_1, & \text{if } \mathrm{Sim}(d_{\mathrm{A}}, d_{\mathrm{B}}) \geq \theta, \\ \Pr\left(h(d_{\mathrm{A}}) = h(d_{\mathrm{B}})\right) \leq p_2, & \text{if } \mathrm{Sim}(d_{\mathrm{A}}, d_{\mathrm{B}}) \leq \gamma\theta, \end{cases} \tag{6.5}$$

де $0 < \gamma < 1$ and $0 \leq p_2 < p_1 \leq 1$.

Що ближче $\gamma$ до одиниці, то кращою є функція і меншою помилка у визначенні подібності.

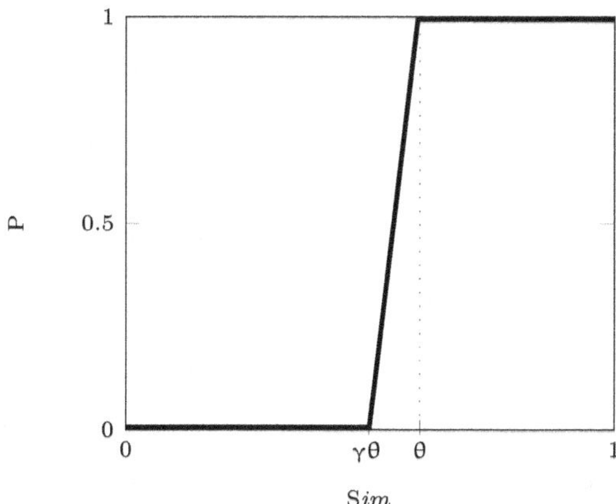

Алгоритм Locality–Sensitive Hashing являє собою загальну схему розв'язання задачі оцінювання подібності документів за допомогою Locality–Sensitive хеш-функцій для обраної міри подібності.

Ідея алгоритму полягає в групуванні документів за допомогою Locality–Sensitive хеш-функцій в обмежену кількість відер, причому подібні документи опиняються в одному і тому ж відрі з більшою ймовірністю. Такі відра можуть бути організовані в хеш-таблицю, де кожне з них індексується за його хеш-значенням, що дає змогу шукати близькі документи пошуком за хеш-таблицею.

Однак, як можемо бачити з (6.5), Locality–Sensitive хеш-функції не є однозначними, що означає можливість виникнення як помилковопозитивних, так і помилковонегативних подій.

**Алгоритм 6.1:** Групування документів за схемою LSH

Input: Набір даних $\mathbb{D} = \{d_1, d_2, \dots d_n\}$
Input: Сімейство Locality–Sensitive хеш-функцій $\mathrm{H}^{\theta}_{\mathrm{Sim}}$
Output: LSH хеш-таблиця зі згрупованими документами
$\mathrm{T} \leftarrow \varnothing$
$h \sim \mathrm{H}^{\theta}_{\mathrm{Sim}}$
for $d \in \mathrm{D}$ do
  $key \leftarrow h(d)$
  $\mathrm{T}(key) \leftarrow \mathrm{T}(key) \cup \{d\}$
return T

Помилковопозитивні події в цій загальній схемі відбуваються, коли два несхожі документи (чия міра подібності не перевищує поріг $\theta$) опиняються в одному і тому ж відрі. Цей тип помилки можна усунути, обчисливши точну подібність для документів у відрі та порівнявши її із заданим пороговим значенням.

Складнішими є помилковонегативні результати, коли два подібні документи опиняються в різних відрах. Цього не можна уникнути, але для мінімізації їхньої кількості можна побудувати $k$ різних хеш-таблиць, використовуючи випадково обрані різноманітні Locality–Sensitive функції з одного сімейства та прив'язані до одного й того самого набору ключів. Іншими словами, для зменшення помилки такого роду необхідно збільшувати кількість отриманих оцінок для кожного відра.

Оскільки Locality–Sensitive хеш-функції зберігають подібність, можна очікувати, що хеш-функції принаймні одного разу надішлють подібні документи в одне й те саме відро. Результуючі відра можуть бути побудовані з документів, які зустрічаються разом хоча б один раз. Звичайно, ця техніка призводить до збільшення кількості помилковопозитивних відповідей, але їх можна усунути з високим ступенем надійності, як зазначено вище.

Алгоритм Locality–Sensitive Hashing (6.2) є основою для розв'язання задачі пошуку найближчого сусіда і має різні реалізації залежно від обраної міри подібності. Наприклад, для звичайної евклідової відстані його можна реалізувати як метод випадкових проекцій (англ. Random Projections), для подібності за Жаккаром як MinHash, а для косинусної подібності як SimHash, які ми детально розглянемо в наступних розділах.

**Алгоритм 6.2:** Алгоритм Locality–Sensitive Hashing

```
Input: Документ d, набір даних 𝔻
Input: LSH хеш-таблиця T зі згрупованими документами
Input: Порогове значення подібності θ
Output: Подібні документи
S ← ∅
for i ← 1 to k do
  T_i ← Bucketing(𝔻, H^θ_Sim)
T := ⋃_{i=1}^{k} T_i
for key ∈ T do
  if d ∉ T(key) then
    continue
  for c ∈ T(key) do
    if Sim(d, c) ≥ θ then
      S ← S ∪ {c}
return S
```

Продуктивність алгоритму залежить від правильного вибору $\theta$ і $k$. Невдалий вибір цих параметрів може призвести до того, що в хеш-відрах буде надто мало документів, що порушить групування, або надто багато документів, що збільшить час для точного обчислення подібності на останньому етапі.

## Пошук найближчих сусідів

Коли необхідно знайти найближчих сусідів для заданого документа з набору даних, розподіленого по відрах алгоритмом LSH, ми застосовуємо ті ж Locality–Sensitive хеш-функції до цього документа і отримуємо перелік відповідних йому відер. Документи в цих відрах є кандидатами в найближчі сусіди, і достатньо обчислити точну подібність між ними і заданим документом, порівнюючи отримані значення з обраним пороговим значенням подібності $\theta$.

У практичних застосунках доводиться обробляти величезну кількість документів, тому проблема пошуку в хеш-таблиці LSH стає складною. Більшість методів її розв'язання пропонують додаткові заходи, які допомагають зберігати ключі хеш-таблиці в оптимізованому порядку для поліпшення пошуку.

Наприклад, алгоритм *SortingKeys–LSH*, запропонований Йінгфан Лю з колегами у 2014 році [Li14], покращує пошук за рахунок мінімізації випадкових операцій введення-виведення під час отримання документів-кандидатів. Автори визначили власну міру відстані для ключів хеш-таблиці та запропонували сортувати ці ключі в спеціальному лінійному порядку, пов'язаному з цією відстанню. Дотримуючись цього порядку, документи-кандидати можуть зберігатися в пам'яті або на диску. Коли надходить новий документ, необхідно витягти тільки документи для близьких хешів відповідно до введеної міри відстані, і можна знайти кандидатів швидше завдяки скороченню випадкових операцій введення-виведення і більш високій точності пошуку.

# 6.2 MinHash

Найвідомішою реалізацією схеми Locality-Sensitive Hashing для міри Жаккара є схема minwise хешування (англ. minwise hashing), або просто MinHash, запропонована Андрієм Бродером у 1997 році [Br97]. Схема включає в себе сімейство хеш-функцій, що зберігають подібність, та алгоритм виявлення близьких дублікатів. Спочатку вона використовувалася в пошуковій системі AltaVista для виявлення дублікатів веб-сторінок [Br00], а сьогодні широко застосовується в пошуковій індустрії в численних застосунках, включно з великомасштабними системами машинного навчання, підбором контенту в онлайн-рекламі та інших.

Основна ідея MinHash полягає в тому, щоб представити документи у вигляді коротких сигнатур фіксованої довжини, зберігаючи подібність між ними, і ефективно їх порівнювати.

## MinHash–сигнатури

Для кожного документа $d_i$, представленого бітовим масивом, *MinHash–значення* є позицією найлівішого встановленого біта для деякої перестановки індексу (визначеного порядку слідування термів). Таким чином, для кожної перестановки $\pi$ можна визначити своє MinHash–значення $\min(\pi(d_i))$.

**Приклад 6.9:** Обчислення MinHash–значення

Розглянемо бітовий масив документів, побудований для документа $d_3$ (*групп*) з Прикладу 6.6:

| 0 | 1 | 2 | 3 | 4 | 5 | 6 | 7 | 8 | 9 | 10 | 11 | 12 | 13 | 14 | 15 | 16 | 17 | 18 |
|---|---|---|---|---|---|---|---|---|---|---|---|---|---|---|---|---|---|---|
| 1 | 1 | 1 | 1 | 1 | 1 | 0 | 1 | 0 | 1 | 0 | 0 | 1 | 0 | 0 | 0 | 0 | 1 | 0 |

Наприклад, візьмемо таку собі випадкову перестановку індексу $0 \ldots 18$

$$\pi = \{16, 13, 12, 4, 17, 10, 1, 2, 9, 14, 8, 5, 15, 3, 6, 18, 11, 7, 0\},$$

що відповідає наступному порядку термів:

| Індекс | Симптом |
|---|---|
| 16 | чхання |
| 13 | висип |
| 12 | нудота |
| 4 | втома |
| 17 | біль у горлі |
| 10 | втрата апетиту |
| 1 | кашель |
| 2 | діарея |
| 9 | втрата смаку |
| 14 | червоні очі |

| Індекс | Симптом |
|---|---|
| 8 | свербіж |
| 5 | лихоманка |
| 15 | нежить |
| 3 | порушення сну |
| 6 | сірувато-білі плями |
| 18 | опухлі гланди |
| 11 | біль у м'язах |
| 7 | головний біль |
| 0 | ломота в тілі |

Відповідно, бітовий масив документа, проіндексований у порядку даної перестановки індексу, має вигляд:

| 0 | 1 | 2 | 3 | 4 | 5 | 6 | 7 | 8 | 9 | 10 | 11 | 12 | 13 | 14 | 15 | 16 | 17 | 18 |
|---|---|---|---|---|---|---|---|---|---|---|---|---|---|---|---|---|---|---|
| 0 | 0 | **1** | 1 | 1 | 0 | 1 | 1 | 1 | 0 | 0 | 1 | 0 | 1 | 0 | 0 | 0 | 1 | 1 |

Після впорядкування бітів згідно з перестановкою $\pi$, позиція найлівішого 1-біта для $d_3$ дорівнює 2, тому і MinHash–значення для документа $d_3$ дорівнює 2:

$$\min(\pi(d_3)) = 2.$$

Замість того, щоб покладатися на одне MinHash–значення, розкид може бути зменшений побудовою для кожного документа $d_i$ *MinHash–сигнатури* довжини $k$ — вектора з $k$ MinHash–значень, обчислених за допомогою $k$ випадкових перестановок $\pi_1, \pi_2, \ldots, \pi_k$ індексу бітового масиву. Довжина сигнатури $k$ не залежить від розміру $m$ універсальної множини $\Omega$ і обирається з огляду на прийнятну ймовірність помилки і заданий поріг подібності.

Список сигнатур, побудованих для кожного документа $\{d_i\}_{i=1}^{n}$, формує *матрицю сигнатур* MinHashSig розміром $k \times n$, яка і є основною структурою даних алгоритму MinHash. Рядки в матриці сигнатур відповідають перестановкам, а стовпці — документам. Важливо підкреслити, що для побудови матриці сигнатур має використовуватися одна й та сама колекція перестановок, а застосовуватися вони повинні в однаковому порядку.

Матриця сигнатур MinHashSig є щільною матрицею з цілими значеннями, а кількість стовпців дорівнює кількості документів у наборі даних. Однак кількість рядків у матриці сигнатур набагато менша порівняно з кількістю термів в універсальному наборі $\Omega$, тому вона є більш ефективною для зберігання, ніж звичайні бінарні подання документів.

На жаль, на практиці перестановка великого індексу в явному вигляді нездійсненна. Простий вибір випадкової перестановки мільйонів або мільярдів цілих чисел вимагає багато часу, навіть не враховуючи необхідне сортування індексу.

Для невеликої бази даних вебспаму з 350000 документів і 16 мільйонів термів [Li12], витрати на попередню обробку 500 незалежних випадкових перестановок становлять близько 6000 секунд. Водночас сьогодні не рідкість знайти універсальний набір з 1 мільярда термів. Вибір випадкової перестановки з мільярда елементів вимагає значного часу, а просте представлення індексу за допомогою 32-бітних цілих чисел займає 8 Гб пам'яті для зберігання всього лише *однієї* перестановки.

До того ж, якщо набір даних не поміщається в основну пам'ять і необхідно зберігати його на диску, доступ до бітів у випадковому перестановочному порядку матиме ті ж проблеми з диском, що їх вже обговорювали в контексті фільтрів Bloom.

Однак можна "імітувати" ефект випадкової перестановки за допомогою випадкової хеш-функції, яка відображає індекси $0 \ldots m$ на точно такий самий діапазон. Деякі колізії можуть статися, але вони не страшні, допоки $k$ досить велике. Наприклад, можна використовувати сімейство універсальних хеш-функцій $h_{\{a,b\}}(x)$, визначене в (1.2).

**Приклад 6.10:** Імітація перестановок

Розглянемо універсальну множину з Прикладу 6.6, що містить 19 термів, з індексами в діапазоні $0 \ldots 18$. Для побудови сигнатур довжини $k = 4$ виберемо чотири випадкові хеш-функції з сімейства (1.2), що відображають кожну позицію індексу $f \in 0 \ldots 18$ у позицію $h_i(f) \in 0 \ldots 18$, роблячи таким чином перестановку індексу. У нашому випадку $m = 19$ і достатньо вибрати $p = \mathrm{M}_5 = 2^5 - 1 = 31$.

$$h_1(x) := ((22 \cdot x + 5) \bmod 31) \bmod 19,$$
$$h_2(x) := ((30 \cdot x + 2) \bmod 31) \bmod 19,$$
$$h_3(x) := ((21 \cdot x + 23) \bmod 31) \bmod 19,$$
$$h_4(x) := ((15 \cdot x + 6) \bmod 31) \bmod 19.$$

Застосовуючи хеш-функції до індексу, отримуємо:

$$h_1 = \{5, 8, 18, 9, 0, 3, 13, 4, 7, 17, 8, 11, 2, 12, 3, 6, 16, 7, 10\},$$
$$h_2 = \{2, 1, 0, 11, 10, 9, 8, 7, 6, 5, 4, 3, 2, 1, 0, 18, 17, 16, 15\},$$
$$h_3 = \{4, 13, 3, 5, 14, 4, 6, 15, 5, 7, 16, 6, 8, 17, 7, 9, 18, 8, 10\},$$
$$h_4 = \{6, 2, 5, 1, 4, 0, 3, 18, 2, 17, 1, 16, 0, 15, 11, 14, 10, 13, 9\}.$$

Отже, замість вибору $k$ випадкових перестановок, достатньо обчислити $h_1, h_2, \ldots, h_k$ випадкові хеш-функції по рядках і побудувати з них матрицю сигнатур, роблячи тільки один прохід даними.

**Алгоритм 6.3:** Побудова матриці сигнатур MinHash

```
Input: Бінарні вектори документів {d_j}_{j=1}^n
Input: Сімейство універсальних хеш-функцій {h_i}_{i=1}^k
Input: Розмір m універсальної множини Ω
Output: Матриця сигнатур MinHash
MinHashSig ← ∞
for f ← 0 to m − 1 do
    for i ← 1 to k do
        h_i^f ← h_i(f)
    for d_j ∈ 𝔻 do
        if d_j[f] ≠ 1 then
            continue
        for i ← 1 to k do
            MinHashSig[i − 1, d_j] ← min(MinHashSig[i − 1, d_j], h_i^f)
return MinHashSig
```

Припустимо, що у нас є мільйон документів і ми маємо сигнатури довжиною 200. Використовуючи 32-бітні цілі числа для представлення значень, необхідно 800 байт на документ, а весь набір даних вимагає близько 800 МБ пам'яті.

### **Приклад 6.11:** Матриця сигнатур MinHash

Побудуємо матрицю сигнатур MinHash із сигнатурами довжини $k = 4$, використовуючи перестановки, отримані в Прикладі 6.10. Бітові масиви документів у вихідному порядку термів наведено нижче:

| | 0 | 1 | 2 | 3 | 4 | 5 | 6 | 7 | 8 | 9 | 10 | 11 | 12 | 13 | 14 | 15 | 16 | 17 | 18 |
|---|---|---|---|---|---|---|---|---|---|---|---|---|---|---|---|---|---|---|---|
| $d_1$ | 0 | 0 | 0 | 0 | 0 | 0 | 0 | 0 | 1 | 0 | 0 | 0 | 0 | 0 | 0 | 1 | 1 | 0 | 0 |
| $d_2$ | 0 | 1 | 0 | 0 | 0 | 1 | 0 | 1 | 0 | 0 | 1 | 1 | 0 | 0 | 0 | 1 | 1 | 1 | 0 |
| $d_3$ | 1 | 1 | 1 | 1 | 1 | 1 | 0 | 1 | 0 | 1 | 0 | 0 | 1 | 0 | 0 | 0 | 0 | 1 | 0 |
| $d_4$ | 0 | 1 | 0 | 0 | 0 | 1 | 1 | 0 | 0 | 0 | 0 | 0 | 0 | 1 | 1 | 1 | 0 | 0 | 0 |
| $d_5$ | 0 | 1 | 1 | 0 | 0 | 1 | 0 | 0 | 0 | 1 | 0 | 0 | 0 | 1 | 0 | 1 | 0 | 0 | 1 |

Спочатку всі значення в матриці сигнатур не задані, тому можна умовно заповнити їх за допомогою $\infty$:

| | $d_1$ | $d_2$ | $d_3$ | $d_4$ | $d_5$ |
|---|---|---|---|---|---|
| $h_1$ | $\infty$ | $\infty$ | $\infty$ | $\infty$ | $\infty$ |
| $h_2$ | $\infty$ | $\infty$ | $\infty$ | $\infty$ | $\infty$ |
| $h_3$ | $\infty$ | $\infty$ | $\infty$ | $\infty$ | $\infty$ |
| $h_4$ | $\infty$ | $\infty$ | $\infty$ | $\infty$ | $\infty$ |

Значення хеш-функцій для індексу 1: $h_1^1 = h_1(1) = 5$, $h_2^1 = h_2(1) = 2$, $h_3^1 = h_3(1) = 4$, і $h_4^1 = h_4(1) = 6$. У першій позиції тільки документ $d_3$ має 1-біт, тому можна оновити його сигнатури для кожного рядка, причому нові значення дорівнюватимуть мінімуму між наявними значеннями стовпчика $d_3$ у матриці сигнатур і значеннями відповідних хеш-функцій. Наприклад,

$$\textsc{MinHashSig}[h_1, d_3] = \min(\textsc{MinHashSig}[h_1, d_3], h_1^1) = \min(\infty, 5) = 5.$$

Отже, матриця сигнатур MinHashSig після обробки першого рядка має вигляд:

| | $d_1$ | $d_2$ | $d_3$ | $d_4$ | $d_5$ |
|---|---|---|---|---|---|
| $h_1$ | $\infty$ | $\infty$ | 5 | $\infty$ | $\infty$ |
| $h_2$ | $\infty$ | $\infty$ | 2 | $\infty$ | $\infty$ |
| $h_3$ | $\infty$ | $\infty$ | 4 | $\infty$ | $\infty$ |
| $h_4$ | $\infty$ | $\infty$ | 6 | $\infty$ | $\infty$ |

Для індексу 2 значення хеш-функцій дорівнюють $h_1^2 = h_1(2) = 8$, $h_2^2 = h_2(2) = 1$, $h_3^2 = h_3(2) = 13$ і $h_4^2 = h_4(2) = 2$. У цьому випадку всі стовпці, крім $d_1$, можна оновити, оскільки для всіх цих документів встановлено другий біт. Стовпці $d_2$, $d_4$ і $d_5$ просто отримують відповідні хеш-значення, оскільки для них не було попередніх значень ($\infty$ у матриці сигнатур). Однак для $d_3$ слід порівняти наявні значення з поточними значеннями хеш-функцій, щоб вибрати найменше для кожного рядка. Наприклад,

$$\text{MinHashSig}[h_2, d_3] = \min(\text{MinHashSig}[h_2, d_3], h_2^2) = \min(2, 1) = 1.$$

Матриця має наступний вигляд:

| | $d_1$ | $d_2$ | $d_3$ | $d_4$ | $d_5$ |
|---|---|---|---|---|---|
| $h_1$ | $\infty$ | 8 | 5 | 8 | 8 |
| $h_2$ | $\infty$ | 1 | 1 | 1 | 1 |
| $h_3$ | $\infty$ | 13 | 4 | 13 | 13 |
| $h_4$ | $\infty$ | 2 | 2 | 2 | 2 |

Залишаючи подробиці, матриця сигнатур після обробки 14 індексних позицій має вигляд:

| | $d_1$ | $d_2$ | $d_3$ | $d_4$ | $d_5$ |
|---|---|---|---|---|---|
| $h_1$ | 7 | 3 | 0 | 3 | 3 |
| $h_2$ | 6 | 1 | 0 | 0 | 0 |
| $h_3$ | 5 | 4 | 3 | 4 | 3 |
| $h_4$ | 2 | 0 | 0 | 0 | 0 |

Далі переходимо до індексу 15, де для всіх документів, крім $d_3$, встановлено відповідні біти. Значення хеш-функцій для цього індексу дорівнюють $h_1^{15} = h_1(15) = 6$, $h_2^{15} = h_2(15) = 18$, $h_3^{15} = h_3(15) = 9$ і $h_4^{15} = h_4(15) = 14$. Наприклад,

$$\text{MinHashSig}[h_1, d_1] = \min(\text{MinHashSig}[h_1, d_1], h_1^{15}) = \min(7, 6) = 6,$$

тож необхідно змінити відповідне значення в матриці сигнатур:

| | $d_1$ | $d_2$ | $d_3$ | $d_4$ | $d_5$ |
|---|---|---|---|---|---|
| $h_1$ | 6 | 3 | 0 | 3 | 3 |
| $h_2$ | 6 | 1 | 0 | 0 | 0 |
| $h_3$ | 5 | 4 | 3 | 4 | 3 |
| $h_4$ | 2 | 0 | 0 | 0 | 0 |

Якщо ми опрацюємо подальші значення індексів, то побачимо, що жодні оновлення вже неможливі, а отже, наведена вище матриця сигнатур є остаточною.

Фактично кожна перестановка визначає функцію MinHash, яка потім застосовується до документів. Було доведено, що сімейство таких функцій є сімейством LSH і ймовірність колізії за всіма перестановками дорівнює мірі Жаккара:

$$\Pr\Big(\min(\pi(d_{\mathrm{A}})) = \min(\pi(d_{\mathrm{B}}))\Big) = \mathrm{J}(d_{\mathrm{A}}, d_{\mathrm{B}}). \tag{6.6}$$

Таким чином, щоб оцінити подібність за Жаккаром між двома документами, достатньо обчислити частку MinHash–сигнатур, для яких два відповідні стовпці мають однакове значення (колізія) у матриці сигнатур MinHashSig. Хоча ми й шукаємо хеш-колізії, все ще можливо, що в жодному з рядків не знайдеться однакових значень, тоді можна припустити, що документи повністю несхожі.

**Приклад 6.12:** Подібність між сигнатурами

Розглянемо матрицю сигнатур MinHashSig, яку ми побудували в Прикладі 6.11:

| | $d_1$ | $d_2$ | $d_3$ | $d_4$ | $d_5$ |
|---|---|---|---|---|---|
| $h_1$ | 6 | 3 | 0 | 3 | 3 |
| $h_2$ | 6 | 1 | 0 | 0 | 0 |
| $h_3$ | 5 | 4 | 3 | 4 | 3 |
| $h_4$ | 2 | 0 | 0 | 0 | 0 |

Як можна помітити, стовпці $d_2$ і $d_3$ розділяють одне єдине значення з чотирьох сигнатур, тому подібність між ними становить

$$\mathrm{Sim}_{\textsc{MinHashSig}}(d_2, d_3) = \frac{1}{4} = 0.25.$$

З Прикладу 6.5 ми знаємо, що точна подібність дорівнює 0.2857, що досить близько.

Стовпці $d_4$ і $d_5$ мають три з чотирьох спільних значень, тому подібність становить

$$\mathrm{Sim}_{\textsc{MinHashSig}}(d_4, d_5) = \frac{3}{4} = 0.75.$$

Це значно перевищує точне значення міри Жаккара 0.44, але все ж вказує на високу подібність між документами.

Навпаки, стовпці $d_1$ і $d_3$ не мають спільних значень, тому подібність дорівнює 0, що також є і точним значенням.

Слід пам'ятати, що значення, яке ми обчислюємо з матриці сигнатур, є наближенням до істинного значення міри Жаккара і залежить від довжини сигнатури. Поточна довжина $k = 4$ використовується тільки в демонстраційних цілях і, насправді, занадто мала для побудови наближеної оцінки з малою дисперсією згідно із законом великих чисел.

## Властивості

Існує очевидний компроміс між помилкою оцінки подібності та обсягом пам'яті. Дійсно, що більше функцій MinHash $h_i$ ми використовуємо, то довші сигнатури ми будуємо і, відповідно, тим меншою є очікувана помилка $\delta$ в оцінці подібності. Однак це збільшує вимоги до зберігання матриці сигнатур MinHashSig і кількість необхідних перестановок, що може значно збільшити обчислювальні зусилля.

Практична порада щодо вибору довжини сигнатури $k$ на основі очікуваної стандартної помилки $\delta$ наступна:

$$k = \left\lfloor \frac{\sqrt{\theta \cdot (1-\theta)}}{\delta} + 1 \right\rfloor.$$

Для зберігання MinHash–сигнатури для одного документа, використовуючи $p$-бітні MinHash–значення, нам необхідно $p \cdot k$ біт на сигнатуру (наприклад, $p = 32$ дає змогу передати до $2^{32} - 1$ термів), що становить $p \cdot k \cdot n$ біт для всієї матриці сигнатур MinHashSig.

Коли кількість документів $n$ велика, зберігання стає проблемою для алгоритму. Як вихід із цієї ситуації Пінг Лі та Арнд Крістіан Кьоніг у 2010 році [Li10] запропонували просту модифікацію алгоритму, названу *b-bit minwise хешування*. Вона забезпечує просте рішення, зберігаючи тільки молодші біти кожного $p$-бітного MinHash–значення, що природно зменшує обсяг пам'яті, необхідної для матриці сигнатур.

Інтуїтивно зрозуміло, що використання меншої кількості бітів для кодування MinHash–значень збільшує дисперсію оцінювання подібності порівняно з оригінальним алгоритмом для тієї самої довжини сигнатури $k$ і, отже, необхідно збільшити $k$ для збереження точності. Теоретичні результати [Li11] показують, що довжину сигнатури $k$ слід скоригувати лише приблизно в $\frac{\theta+1}{\theta}$ разів. Для поширених випадків, коли подібність не надто мала (наприклад, для порога $\theta \geq 0.5$), це всього лише у два-три рази більше.

Якщо кількість документів велика, що і є передумовою до використання таких вдосконалень, теоретичні дослідження пропонують використовувати $b = 1$ при порозі подібності $\theta \geq 0.4$, і $b \geq 2$ в іншому випадку. Таким чином, навіть при збільшенні довжини сигнатур, загальний розмір матриці сигнатур стає меншим при використанні b-bit minwise хешування.

**Приклад 6.13:** b-bit minwise хешування

Наприклад, для порогового значення подібності $\theta = 0.5$ можна використовувати $b = 1$, тому очікувана дисперсія оцінювання збільшиться щонайбільше втричі, і, щоб не втратити точність, необхідно відповідно скоригувати довжину сигнатур. Якщо кожне MinHash–значення спочатку займало 32 біти, тоді необхідне збільшення при використанні однобітної схеми складе $\frac{32}{3} \approx 10.67$.

Більш конкретно, замінюючи класичний алгоритм MinHash, що використовує 32-бітові MinHash–значення і сигнатури завдовжки $k = 200$, на 1-bit minwise хешування, ми отримуємо довші сигнатури завдовжки $k = 3 \cdot 200 = 600$, але значно зменшуємо вимоги до пам'яті з 800 байт до 75 байт на документ.

Найважливішою перевагою 1-bit minwise хешування є простота та мінімальні модифікації оригінального алгоритму MinHash, що дає змогу його використання для оптимізації вже працюючих застосунків.

## Пошук найближчих сусідів

Незважаючи на те, що сигнатури MinHash дають змогу представляти документи в стислому вигляді за допомогою компактної структури даних MinHashSig, яка зберігає інформацію про подібність, однаково практично неможливо швидко обробити квадратичне число пар для величезних масивів даних, що складаються з мільйонів документів. Наприклад, якщо набір даних складається з одного мільйона документів, то кількість пар становить $5 \cdot 10^{11}$ і знадобиться близько 14 годин, виконуючи до $10^7$ порівнянь на секунду.

Дотримуючись загальної схеми LSH, для пошуку найближчих сусідів заданого документа необхідно вибрати кілька незалежних Locality–Sensitive хеш-функцій, застосувавши їх до набору даних для обчислення ключів документів, які використовуються далі для їхнього групування. Якщо документи вже подано у вигляді матриці сигнатур, достатньо розбити всі рядки на $b$ груп, вибрати одну хеш-функцію $g$ (наприклад, MurmurHash3) і застосувати її до частини кожного стовпчика всередині групи — кожна група відповідає підмножині характеристик, і документи хешуються тільки на цій підмножині. Документи поміщаються в одне відро в тому разі, якщо їхні хеш-значення збігаються, тобто коли їхні значення сигнатур ідентичні в даній групі або в результаті хеш-колізії (усувається на останньому етапі схеми).

Обираючи відповідним чином кількість груп $b$, ми відсіюємо безліч пар документів зі подібністю нижче порогового значення $\theta$. Неважко помітити, що чим більше подібні сигнатури, тим більша ймовірність того, що вони співпадуть за всіма рядками в якійсь групі та стануть парою-кандидатом.

Для успішного застосування стратегії групування нам необхідно мати рекомендації щодо кількості груп залежно від порогового значення подібності $\theta$, використовуваного для розрізнення схожих документів. Інтуїтивно зрозуміло, що якщо в нас занадто багато груп, то зростає ймовірність того, що хоча б для однієї невеликої частини багато документів стануть парами-кандидатами (збільшується кількість помилковопозитивних помилок), тоді як для малої кількості груп необхідно порівнювати довгі підпослідовності сигнатур, які, найімовірніше, відрізнятимуться на кілька значень навіть для дуже близьких документів, тож можна пропустити багато подібних документів.

**Приклад 6.14:** LSH схема для алгоритму MinHash

Розділимо матрицю сигнатур, побудовану в Прикладі 6.11 на $b = 2$ групи по два рядки в кожній:

| | | $d_1$ | $d_2$ | $d_3$ | $d_4$ | $d_5$ |
|---|---|---|---|---|---|---|
| група 1 | $h_1$ | 6 | 3 | 0 | **3** | **3** |
| | $h_2$ | 6 | 1 | 0 | **0** | **0** |
| група 2 | $h_3$ | 5 | **4** | **3** | **4** | **3** |
| | $h_4$ | 2 | **0** | **0** | **0** | **0** |

Останні два стовпці в групі 1 ідентичні, тому документи $d_4$ і $d_5$ стають парою-кандидатом незалежно від конкретної хеш-функції, як і документи $d_2$ і $d_4$, $d_3$ і $d_5$, що мають однакові значення в групі 2.

Беручи до уваги порогове значення $\theta = 0.3$, ми відсіюємо помилковопозитивні пари кандидатів, обчислюючи точну подібність між документами в кожній парі та порівнюючи її з $\theta$:

$$J(d_4, d_5) = 0.44 > \theta,$$
$$J(d_2, d_4) = 0.27 < \theta,$$
$$J(d_3, d_5) = 0.307 > \theta.$$

Тільки пари $d_4$ (*кір*) і $d_5$ (*розеола*), $d_3$ (*грип*) і $d_5$ (*розеола*) можуть бути повернуті як найближчі дублікати для цього порогового значення, що збігається з нашими очікуваннями.

Зверніть увагу, що ми обрали значення $\theta$ для усунення дублікатів абсолютно довільно, проте існує зв'язок між кількістю груп, довжиною сигнатур і пороговим значенням.

Як тільки всі пари кандидатів побудовані, ми виконуємо останній крок схеми LSH і обчислюємо точну подібність між документами, щоб виключити помилковопозитивні результати.

Підхід LSH чутливий до розподілу подібності між документами. Якщо набір даних перекошений і більшість документів схожі один на одного, може виявитися, що всі документи потрапляють в одне відро, а інші відра залишаються порожніми.

Припустимо, що певна пара документів має подібність $s$, тоді ймовірність P того, що сигнатури узгоджуються у всіх рядках хоча б однієї групи, дорівнює

$$\mathrm{P} = 1 - (1 - s^{\frac{k}{b}})^b, \tag{6.7}$$

де $b$ — кількість груп, $k$ — довжина сигнатур MinHash (таким чином, $\frac{k}{b}$ — кількість рядків у кожній групі).

Графіком розподілу ймовірності того, що документи, які мають значення міри подібності $s$, стануть парами-кандидатами згідно з (6.7), є *S-крива*, тобто його значення дуже малі, доки він не досягне точки *стрибка*, потім його значення швидко збільшуються і залишаються дуже високими.

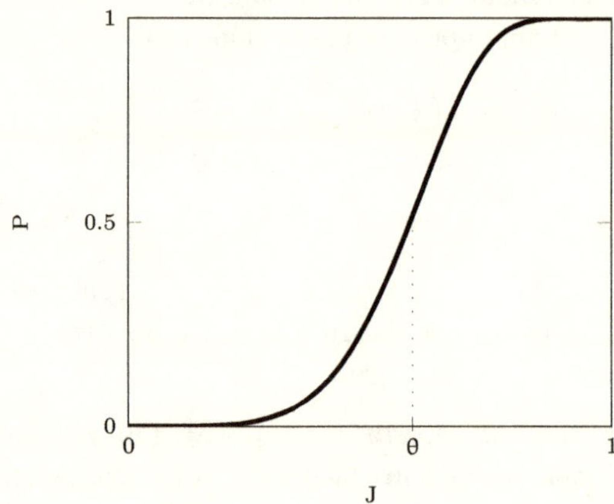


Відповідно до формули (6.5), задаючи умови для $b$ і $k$, можна знайти параметри, за яких стрибок відбудеться близько до порогового значення:

$$\theta \approx \left(\frac{1}{b}\right)^{\frac{b}{k}}.$$

Наприклад, наведений вище графік побудований для сигнатур довжини $k = 50$ з $b = 10$ групами, по п'ять рядків у кожній. Приблизне значення точки стрибка становить 0.63, що можна вважати пороговим значенням подібності, за якого документи вважатимуться схожими.

Для заданої довжини сигнатури $k$ і порогового значення подібності $\theta$, кількість груп можна оцінити як

$$b = \left\lfloor e^{\mathrm{W}(-k \cdot \ln \theta)} \right\rfloor, \tag{6.8}$$

де $\mathrm{W}(\cdot)$ – функція *Ламберта W*, яку не можна виразити в термінах елементарних функцій, але можна приблизно обчислити як результат певного ітераційного процесу [4]:

$$\mathrm{W}_{\mathrm{next}} = \frac{1}{\mathrm{W}_{\mathrm{prev}} + 1} \cdot (\mathrm{W}_{\mathrm{prev}}^2 - k \cdot \ln \theta \cdot e^{-\mathrm{W}_{\mathrm{prev}}}).$$

**Приклад 6.15:** Оцінка порогового значення подібності

У Прикладі 6.14 ми використовували $b = 2$ групи з сигнатурами довжини $k = 4$. Ця конфігурація відповідає пороговому значенню $\theta = 0.707$ і означає, що документи з подібністю щонайменше 70% стануть парою-кандидатом після застосування групування:

$$\theta \approx \left(\frac{1}{2}\right)^{\frac{2}{4}} = 0.707.$$

З іншого боку, якщо ми хочемо оцінити необхідну кількість груп для $k = 4$ і порогового значення подібності 0.707, використовуючи (6.8), необхідно обчислити функцію Ламберта $\mathrm{W}(-4 \cdot \ln(0.707))$:

| Ітерація | W | $b$ |
|---|---|---|
| 1 | 1.3868 | 4 |
| 2 | 0.9510 | 2 |
| 3 | 0.6948 | 2 |
| 4 | 0.6933 | 2 |
| 5 | 0.6933 | 2 |

Отже, ітераційний процес сходиться досить швидко, і рекомендована кількість груп дорівнює 2.

Проте, оскільки ми використовуємо дуже короткі сигнатури з довжиною $k = 4$, стандартна помилка дорівнює $\delta = 0.11$ відповідно до формули (6.2), і міра подібності для справжніх кандидатів може бути

[4] У якості початкового значення можна використовувати $\mathrm{W}_{\mathrm{prev}} = 0$, що означає тільки одну групу

апроксимована набагато нижчою за її істинний рівень, отже, вони можуть опинитися в різних відрах. Якщо ми хочемо бути точнішими і зберегти стандартну помилку δ близько 0.05 за порогового значення подібності $\theta = 0.7$, необхідно використовувати сигнатури довжиною

$$k = \left\lfloor \frac{\sqrt{0.7 \cdot 0.3)}}{0.05} + 1 \right\rfloor = 10.$$

Алгоритм MinHash ефективний для величезних масивів даних і легко застосовується до моделі обчислень MapReduce, що робить його популярним. Його реалізації доступні в Apache Spark, Apache Mahout, Apache Lucene і використовуються в пошукових системах та базах даних, таких як Elasticsearch, Apache Solr, CrateDB та інших. Google використовував його для персоналізації в Google News.

## 6.3 SimHash

Ще одним популярним алгоритмом хешування є *SimHash* (англ. sign normal random projection algorithm), що базується на функції *simhash*, розробленої Мозесом С. Чарікаром у 2002 році [Ch02], який був застосований Гурмітом Сінгхом Манку, Арвіндом Джейном і Анішем Дасом Сармою у 2007 році [Ma07] для розв'язання проблеми виявлення близьких дублікатів веб-сторінок у Google.

З математичної точки зору, SimHash використовує техніку зменшення розмірності, відому як випадкова проекція з 1-бітовою дискретизацією (англ. sign random projections). Для $k$-мірного дійсного документа-вектора $d$ алгоритм визначає сімейство *SimHash функцій* $\{h_v^{\text{sim}}\}$, які зберігають подібність між документами. Кожна функція такого сімейства задає випадковий вектор $v$ з незалежних і нормально розподілених компонент (тобто $v_i \propto \mathrm{N}(0,1)$) та повертає бінарне значення

$$h_v^{\text{sim}}(d) := \operatorname{sign}(v \cdot d) = \begin{cases} 1, & v \cdot d \geq 0, \\ 0, & v \cdot d < 0. \end{cases} \tag{6.9}$$

Таким чином, *SimHash–значення* — це знак випадкової проекції, і, оскільки гіперплощина з нормальним вектором $v$ розділяє багатовимірний простір на два півпростори, вона кодує тільки інформацію щодо тієї сторони (позитивної або негативної), де знаходиться документ.

**Приклад 6.16:** Значення SimHash

Розглянемо документ $d_3$ (*грип*) з Прикладу 6.7:

| 16 | 2 | 9 | 16 | 16 | 2 | 0 | 9 | 0 | 9 | 0 | 0 | 16 | 0 | 0 | 0 | 0 | 9 | 0 |
|---|---|---|---|---|---|---|---|---|---|---|---|---|---|---|---|---|---|---|

Щоб обчислити SimHash–значення, необхідно побудувати вектор $v$ з 19 компонентів, який визначає гіперплощину, що розділяє 19-вимірний простір документів. Для цього генеруємо 19 випадкових значень із нормального розподілу $\mathrm{N}(0,1)$ і використовуємо їх як компоненти вектора (оскільки масштаб у нашому випадку не важливий, ми масштабуємо значення на 10):

| 5 | -1 | 6 | 15 | -2 | -2 | 16 | 8 | -5 | 5 | -5 | -5 | 2 | -19 | -17 | -6 | -10 | 3 | -9 |
|---|---|---|---|---|---|---|---|---|---|---|---|---|---|---|---|---|---|---|

Скалярний добуток цих двох векторів — це сума попарних добутків відповідних компонент:

$$v \cdot d = 5.12.$$

Отже, результат позитивний і SimHash–значення дорівнює

$$h_v^{\mathrm{sim}}(d) = \mathrm{sign}(v \cdot d) = 1.$$

Зауважимо, що якщо два документи мають кут $\alpha = \pi$ між собою, вони обов'язково опиняться в різних півпросторах, і навпаки — документи з ідеальним накладенням, що мають $\alpha = 0$, безумовно лежать в одному півпросторі. Оскільки величина векторів документів не відіграє жодної ролі у формулі (6.9), ймовірність того, що два документи $d_\mathrm{A}$ і $d_\mathrm{B}$ мають однакове SimHash–значення, дорівнює ймовірності опинитися на одному боці гіперплощини, що можна сформулювати, використовуючи кут між документами $\alpha = \alpha(d_\mathrm{A}, d_\mathrm{B})$, як

$$\Pr\left(h^{\mathrm{sim}}(d_\mathrm{A}) = h^{\mathrm{sim}}(d_\mathrm{B})\right) = 1 - \frac{\alpha}{\pi} \approx \frac{\cos\alpha + 1}{2}, \tag{6.10}$$

яка визначає ймовірність колізії для функції SimHash.

Така ймовірність колізій тісно пов'язана з функцією $\cos(\alpha)$, тому якщо документи близькі один до одного за косинусною подібністю (6.4), вони майже напевно призведуть до колізії, і навпаки. У цьому сенсі таке сімейство хеш-функцій є сімейством Locality–Sensitive функцій для косинусної подібності.

## SimHash–сигнатури

Розкид під час використання однієї функції SimHash, що визначає всього один біт, дуже великий, і для його зменшення можна скористатися $p$ хеш-функціями з різними випадковими векторами, щоб отримати $p$-бітний вектор, який називається *SimHash–сигнатура*. Оскільки кожна хеш-функція зберігає подібність між документами, для оцінки подібності між сигнатурами необхідно підрахувати кількість однакових за значенням відповідних бітів серед них.

Таким чином, замість того, щоб працювати безпосередньо з довгими дійсними векторами документів, алгоритм SimHash використовує структуру даних SimHashTable, яка для кожного документа зберігає його коротку двійкову SimHash–сигнатуру фіксованої довжини, що концептуально дуже близько до сигнатур алгоритму MinHash.

> Кожен документ у SimHashTable представлений у вигляді $p$-бітного двійкового рядка, що вимагає для зберігання значно менше місця, ніж багатовимірні дійсні вектори документів, тому є більш ефективним представленням набору даних.

**Алгоритм 6.4:** Побудова таблиці сигнатур SimHash

```
Input: Вектори документів d = {(s_j, w_j)}_{j=0}^{k-1}
Input: Класична хеш-функція h
Output: Таблиця сигнатур SimHash
v := {v_i}_{i=0}^{p-1}, v_i ← 0
for j ← 0 to k − 1 do
    h_j ← binary(h(s_j))
    for i ← 0 to p − 1 do
        /* h_j[i] ∈ {0,1}, ми або збільшуємо, або зменшуємо v_i */
        v_i ← v_i + (2 · h_j[i] − 1) · w_j
return sign(v)
```

Розглянемо документи, представлені дійсними векторами з ваг $(w_0, w_1, \ldots, w_{k-1})$ термів $(s_0, s_1, \ldots s_{k-1})$ або, простіше кажучи, представимо документи як вектори кортежів $\{(s_j, w_j)\}_{j=0}^{k-1}$. Щоб побудувати $p$-бітну SimHash–сигнатуру для документа $d$, спершу ми хешируємо кожен терм $s_j$ за допомогою будь-якої класичної хеш-функції $h$ (наприклад, MurmurHash3, SHA–1 тощо) у $p$-бітове хеш-значення $h_j = h(s_j)$, яке буде унікальним для даного терма. Після цього, починаючи з проміжного $p$-вимірного нульового вектора $v$ і перебираючи хеш-значення для всіх термів, збільшуємо $i$-ту компоненту $v_i$ на вагу $w_j$, якщо $i$-ий біт хеш-значення $h_j$ дорівнює одиниці, і зменшуємо в іншому випадку.

Зрештою, коли всі терми оброблено, визначаємо знаки компонент вектора $v$ і встановлюємо відповідні біти підсумкової $p$-бітної SimHash–сигнатури $f$ в одиницю для позитивних і в нуль для негативних компонент.

**Приклад 6.17:** Таблиця сигнатур SimHash

Для простоти побудуємо 6-бітові SimHash–сигнатури для документів із Прикладу 6.7, а для обчислення хеш-значень використаємо функцію $h(x) := \text{MurmurHash3}(x) \bmod 2^6$, засновану на випадково обраній 32-бітній хеш-функції сімейства MurmurHash3.

| Терм | Симптом | h(s) | binary(h(s)) |
|---|---|---|---|
| $s_0$ | ломота в тілі | 56 | 000111 |
| $s_1$ | кашель | 9 | 100100 |
| $s_2$ | діарея | 14 | 011100 |
| $s_3$ | порушення сну | 41 | 100101 |
| $s_4$ | втома | 17 | 100010 |
| $s_5$ | лихоманка | 43 | 110101 |
| $s_6$ | сірувато-білі плями | 7 | 111000 |
| $s_7$ | головний біль | 5 | 101000 |
| $s_8$ | свербіж | 26 | 010110 |
| $s_9$ | втрата апетиту | 37 | 101001 |
| $s_{10}$ | втрата смаку | 24 | 000110 |
| $s_{11}$ | біль у м'язах | 13 | 101100 |
| $s_{12}$ | нудота | 6 | 011000 |
| $s_{13}$ | висип | 38 | 011001 |

| Терм | Симптом | h(s) | binary(h(s)) |
|---|---|---|---|
| $s_{14}$ | червоні очі | 62 | 011111 |
| $s_{15}$ | нежить | 18 | 010010 |
| $s_{16}$ | чхання | 27 | 110110 |
| $s_{17}$ | біль у горлі | 46 | 011101 |
| $s_{18}$ | опухлі гланди | 4 | 001000 |

Подібним чином можна побудувати дійсне представлення всіх документів у наборі даних, використовуючи ваги термів:

| | | | | | | | | | | | | | | | | | | | |
|---|---|---|---|---|---|---|---|---|---|---|---|---|---|---|---|---|---|---|---|
| $d_1$ | 0 | 0 | 0 | 0 | 0 | 0 | 0 | 0 | 54 | 0 | 0 | 0 | 0 | 0 | 0 | 7 | 31 | 0 | 0 |
| $d_2$ | 0 | 3 | 0 | 0 | 0 | 3 | 0 | 11 | 0 | 0 | 20 | 20 | 0 | 0 | 0 | 3 | 11 | 11 | 0 |
| $d_3$ | 16 | 2 | 9 | 16 | 16 | 2 | 0 | 9 | 0 | 9 | 0 | 0 | 16 | 0 | 0 | 0 | 0 | 9 | 0 |
| $d_4$ | 0 | 4 | 0 | 0 | 0 | 4 | 27 | 0 | 0 | 0 | 0 | 0 | 0 | 15 | 27 | 4 | 0 | 0 | 0 |
| $d_5$ | 0 | 3 | 13 | 0 | 0 | 3 | 0 | 0 | 0 | 13 | 0 | 0 | 0 | 13 | 0 | 3 | 0 | 0 | 23 |

Для побудови сигнатури документа $d_3$ (*грип*) перебираємо всі терми, використовуючи їхнє двійкове представлення, і для кожного терма будуємо значення на основі ваг документа.

Проміжний вектор $v$ — це вектор із 6 компонентів, які на початку всі дорівнюють нулю:

| | | | | | |
|---|---|---|---|---|---|
| 0 | 0 | 0 | 0 | 0 | 0 |

Перебираючи всі терми, обчислимо компоненти вектора $v$. Наприклад, двійкове представлення терма $s_0$ має нулі в позиціях $0, 1$ і $2$, тому необхідно зменшити відповідні компоненти вектора $v$ на вагу терма $w_0^3 = 16$, яку можна знайти в першому стовпчику для документа $d_3$ у таблиці вище. Для позицій 3, 4 і 5, де хеш-значення терма має одиниці, ми додаємо ваги терма:

| | | | | | |
|---|---|---|---|---|---|
| -16 | -16 | -16 | 16 | 16 | 16 |

Аналогічно обробляємо терм $s_1$, що має одиниці в позиціях 0 і 3, з відповідною вагою $w_1^3 = 2$:

| | | | | | |
|---|---|---|---|---|---|
| -14 | -18 | -18 | 18 | 14 | 14 |

Продовжуючи, ми отримуємо остаточну форму вектора $v$:

| | | | | | |
|---|---|---|---|---|---|
| 4 | -32 | 0 | 4 | -40 | 0 |

Фактичні значення у векторі $v$ не так важливі, адже для побудови сигнатури документа нам потрібні тільки знаки компонент. Якщо компонента вектора $v$ невід'ємна, то відповідна компонента сигнатури дорівнює одиниці, в іншому випадку вона дорівнює нулю. Для документа $d_3$ негативні значення зустрічаються тільки в позиціях 1 і 4, тому сигнатура $f^3$ має вигляд:

| 0 | 1 | 2 | 3 | 4 | 5 |
|---|---|---|---|---|---|
| 1 | 0 | 1 | 1 | 0 | 1 |

Дотримуючись того ж принципу, ми обробляємо всі документи, що залишилися, і будуємо підсумкову SimHashTable.

| | 0 | 1 | 2 | 3 | 4 | 5 |
|---|---|---|---|---|---|---|
| $d_1$ | 0 | 1 | 0 | 1 | 1 | 0 |
| $d_2$ | 1 | 0 | 1 | 1 | 0 | 0 |
| $d_3$ | 1 | 0 | 1 | 1 | 0 | 1 |
| $d_4$ | 0 | 1 | 1 | 0 | 0 | 1 |
| $d_5$ | 0 | 0 | 1 | 0 | 0 | 0 |

Ймовірність того, що дві сигнатури збігатимуться на якомусь біті, дорівнює ймовірності колізії (6.10). Тому два документи вважаються *подібними*, якщо їхні сигнатури відрізняються не більше ніж на $p$ бітових позицій або, іншими словами, *відстань Геммінга* між їхніми сигнатурами не більш ніж $\eta$, де $\eta$ — заданий параметр, тісно пов'язаний з пороговим значенням подібності $\theta$.

Відстань Геммінга широко використовується в теорії інформації і може розглядатися як міра мінімальної кількості помилок, які можуть призвести до трансформації однієї сигнатури в іншу. Для двійкових послідовностей відстань Геммінга дорівнює кількості одиниць після застосування побітової операції логічного віднімання.

**Приклад 6.18:** Відстань Геммінга між сигнатурами

Розглянемо сигнатури з Прикладу 6.17 і порівняємо документи $d_4$ (*кір*) і $d_5$ (*розеола*), використовуючи відстань Геммінга:

| | 0 | 1 | 2 | 3 | 4 | 5 |
|---|---|---|---|---|---|---|
| $d_4$ | 0 | 1 | 1 | 0 | 0 | 1 |
| $d_5$ | 0 | 0 | 1 | 0 | 0 | 0 |

Відповідні біти в цих двох сигнатурах відрізняються в позиціях 1 і 5. Таким чином, відстань Геммінга між ними дорівнює 2, тобто ці документи дуже схожі один на одного, що не дивно.

Для порівняння, точна косинусна подібність між цими документами дорівнює $c(d_2, d_4) = \cos(\alpha) = 0.17$, тим часом як для поточного набору даних порогове значення $\theta = 0.15$ можна вважати доцільним.

### Властивості

Тоді як функція SimHash генерує однобітовий результат, функція MinHash генерує ціле число. SimHash можна порівняти зі схемою 1-bit minwise хешування, яка також видає однобітове значення, проте підхід MinHash, схоже, перевершує SimHash для високих порогових значень подібності [Li10].

По суті, SimHash — це техніка зменшення розмірності, яка відображає багатовимірні вектори на $p$-бітні сигнатури, де $p$ невелика (зазвичай 32 або 64). Як було експериментально показано Гурмітом Сінгхом Манку, Арвіндом Джайном і Анішем Дасом Сармою, 64-бітних сигнатур достатньо для обробки 8 мільярдів ($\approx 2^{34}$) документів.

## Пошук найближчих сусідів

Алгоритм SimHash дає змогу нам представити документи у вигляді компактної таблиці SimHashTable з $p$-бітних значень, що зберігають інформацію про подібність, але все ще необхідно оцінити квадратичну кількість пар для обчислення відстані Геммінга і порівняння її з пороговим значенням $\eta$, а це забирає дуже багато часу для величезних наборів даних із мільйонів документів.

На додачу до цього, щоб визначити найближчих сусідів для документа $d$ із сигнатурою $f^d$, необхідно знайти всі сигнатури з SimHashTable, які відрізняються від $f^d$ не більш як на $\eta$ бітових позицій. Така *задача пошуку в межах заданої відстані Геммінга*[5] (англ. Hamming distance range query problem) і дотепер залишається надважкою у великих масштабах.

Для подібних документів, обираючи невеликий поріг відстані Геммінга $\eta$, можна використати метод пошуку відстані Геммінга з використанням перестановок блоків (англ. Block-Permuted Hamming Search) і розбити кожну $p$-бітову SimHash–сигнатуру на M блоків приблизно по $b = \lceil \frac{p}{\mathrm{M}} \rceil$ послідовних бітів кожний.

**Рис. 6.1:** $p$-бітна SimHash–сигнатура, розбита на M блоків

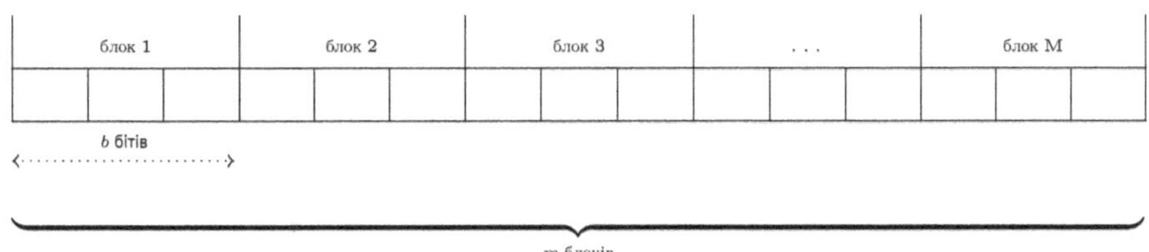


Замість порівняння всієї сигнатури, довільно обираємо $m$ з M блоків і виконуємо пошукові запити, використовуючи точне поблочне порівняння зі старшими бітами цієї сигнатури, де параметр $m$ — заданий параметр, пов'язаний із пороговим значенням $\eta$.

> **Приклад 6.19:** $m$-блокові SimHash–сигнатури
>
> Розглянемо 64-бітну SimHash–сигнатуру і визначимо порогове значення подібності в термінах відстані Геммінга як $\eta = 2$.
>
> Ми можемо розбити сигнатуру на $\mathrm{M} = 5$ блоків, де кожен блок отримує близько $b = \lceil \frac{64}{5} \rceil = 13$ послідовних бітів, наприклад, 13, 13, 13, 13, 13, 13, 13 і 12 бітів на блок. Якщо перейти до поблочного порівняння з $m = 3$ блоками, то загальне число способів їхнього вибору становитиме $\mathrm{N} = \binom{5}{3} = 10$, а одержані 3-блокові сигнатури містять по 39 або 38 бітів (для останнього блоку з 12 біт).

Кожна група з $m$ блоків визначає нове значення сигнатури, що займає близько $m \cdot b$ біт, а оскільки порядок сигнатур не важливий, для кожної вихідної $p$-бітної SimHash–сигнатури можна побудувати

[5] M. Minsky and S. Papert. Perceptrons. MIT Press, 1969

рівно $N = \binom{M}{m}$ таких $m$-блокових сигнатур.

Для кожної $p$-бітної SimHash–сигнатури в SimHashTable можна створити $N = \binom{M}{m}$ $m$-блокових сигнатур і зберігати їх у відсортованих відрах $\{B_i\}_{i=1}^{N}$. Кожне відро $B_i$ пов'язане з певним вибором $m$ блоків $\pi_i$ і точною кількістю бітів у збережених сигнатурах $b_i$.

**Алгоритм 6.5:** Групування $m$-блокових сигнатур

```
Input: Таблиця сигнатур SimHash
Input: Кількість N сигнатур з m-блоків
Output: Відра з сигнатурами з m-блоків
for i ← 1 to N do
    for f_j ∈ SimHashTable do
        f̂_j ← π_i(f_j)
        B_i ← B_i ∪ {f̂_j}
    B_i ← sort(B_i)
return {B_1, B_2, ..., B_N}
```

**Алгоритм 6.6:** Пошук найближчих сусідів

```
Input: Документ d = (s_d, w_d)
Input: Порогове значення відстані Геммінга η
Output: Список найближчих сусідів
f_d ← Signature(d, h)
neighbors ← ∅
for i ← 1 to N do
    candidates ← ∅
    for f̂_j ∈ B_i do
        if f_d[: b_i] = f̂_j then
            candidates ← candidates ∪ {j}
    for ĵ ∈ candidates do
        if HammingDistance(f_j, f_d) ≤ η then
            neighbors ← neighbors ∪ {d_j}
return neighbors
```

Для знаходження найближчих сусідів, чиї $p$-бітові SimHash–сигнатури відрізняються не більше ніж на $\eta$ бітових позицій від сигнатури $f^d$ заданого документа $d$, ми перевіряємо кожен з N блоків, що можна робити паралельно.

Для кожного відра $B_i$ ми знаходимо всі $m$-блокові сигнатури, чиї $b_i$ біти збігаються з $b_i$ бітами $\pi_i(f^d)$. Якщо загальна кількість сигнатур дорівнює $2^q$, то в середньому в кожному відрі очікується $2^{q-b}$ таких збігів. Після цього кроку, для виключення можливих помилкових спрацьовувань, необхідно обчислити точну відстань Геммінга для кожної сигнатури і перевірити, що вона не перевищує $\eta$.

Замість побудови нових коротших сигнатур і збереження їх у SimHashTable для точного обчислення відстані Геммінга, можна впорядкувати початкові SimHash–сигнатури таким чином, щоб обрати $m$ блоків у вигляді старших бітів у сигнатурі та зберегти їх у незмінному порядку. Отже, якщо сигнатури будуть впорядковані у такий самий спосіб, відстань Геммінга не зміниться і ми, як і раніше, можемо виключити помилкових кандидатів шляхом безпосереднього обчислення відстані.

Для кожної $p$-бітної SimHash–сигнатури загальну кількість блоків для заданої порогової відстані Геммінга $\eta$ має бути обрано як $M > \eta + 1$, тоді для поблочного порівняння можна використовувати $m \in [1, M - \eta]$ блоків. Використовуючи бінарний пошук для виявлення збігів у кожному блоці, індивідуальну перевірку можна виконати за $O(b_i)$ кроків, але кількість бітів у кожному блоці $b_i$ має бути досить великою, щоб уникнути перевірки занадто великої кількості сигнатур.

Для оптимізації простору сигнатури можна стискати, зменшуючи розмір структури даних приблизно вдвічі. Стиснення ґрунтується на тому, що сигнатури для схожих документів мають деяку кількість спільних бітів, тому можна створювати більш короткі блоки, у яких вони кодуються шляхом зберігання кодів Гаффмана для найбільш значущих 1-бітних позицій їхніх логічних різниць.

За умови фіксованого вибору довжини SimHash–сигнатури $p$ і порогового значення відстані Геммінга $\eta$, існує явний компроміс між кількістю блоків $m$ і кількістю відер N. Якщо ми використовуємо більше блоків і, отже, довші сигнатури, це зменшує час запиту, тому що існує менше можливих збігів, але збільшує необхідний обсяг пам'яті. З іншого боку, при використанні коротших сигнатур можна зменшити обсяг пам'яті, але це вимагає перевірки більшої кількості збігів, що збільшує час обробки запиту.

SimHash напрочуд популярний для приблизного пошуку найближчих сусідів, що може бути пов'язано з популярністю косинусної подібності, для якої SimHash можна застосувати безпосередньо.

Як і у випадку з MinHash, алгоритм SimHash підходить для застосування в моделі MapReduce і широко доступний, але здебільшого він знаходиться в незалежних бібліотеках. Як повідомлялося, Google використовував його для виявлення близьких дублікатів у веб-пошуку.

# Підсумок

У цьому розділі ми розглянули всілякі підходи до визначення подібності між документами різної природи. Ми познайомилися із загальною концепцією ефективного пошуку дублікатів документів, яка надзвичайно важлива для багатьох прикладних задач. Що стосується конкретної реалізації, ми вивчили два вельми ефективних алгоритми, які широко використовуються на практиці.

Якщо вас цікавить більш детальна інформація про розглянутий матеріал або ви хочете прочитати оригінальні статті, будь ласка, зазирніть до списку літератури, що йде за цим розділом.

Цей розділ завершує нашу розповідь про ймовірнісні структури даних і алгоритми. Проте, на жаль, неможливо охопити всі існуючі дивовижні рішення. Нашою метою було відзначити їхні важливі сфери застосування, а також показати, що всі вони мають спільні ідеї та елегантні у своєму виконанні.

Сподіваємося, що ця книга була вам цікава і ви винесли з неї корисну для себе інформацію.

Дуже дякуємо.

# Бібліографія


[Br97] Broder, A.Z. (1997) "On the Resemblance and Containment of Documents", *Proceedings of the Compression and Complexity of Sequences*, June 11–13, 1997, p. 21, IEEE Computer Society Washington, DC.

[Br00] Broder, A.Z., et al. (2000) "Min-wise independent permutations", *Journal of Computer and System Sciences*, Vol. 60 (3), pp. 630–659.

[Ch02] Charikar, M.S. (2002) "Similarity estimation techniques from rounding algorithms", *Proceedings of the thirty-fourth annual ACM symposium on Theory of computing*, Montreal, Quebec, Canada - May 19–21, 2002, pp. 380–388.

[In98] Indyk, P., Motwani, R. (1998) "Approximate nearest neighbors: towards removing the curse of dimensionality", *Proceedings of the 13th annual ACM symposium on Theory of computing*, Dallas, Texas, USA - May 24–26, 1998, pp. 604–613, ACM New York, NY.

[Li10] Li, P., König, A.C. (2010) "b-Bit Minwise Hashing", *Proceedings of the 19th International Conference on World Wide Web*, April 26-30, 2010, Raleigh, North Carolina, USA - April 26–30, 2010, pp. 671–680, ACM New York, NY.

[Li11] Li, P., König, A.C. (2011) "Theory and applications of $b$-bit minwise hashing", *Magazine Communications of the ACM*, Vol. 54 (8), pp. 101–109.

[Li12] Li, P., et al. (2012) "One Permutation Hashing", *Proceedings of the 25th International Conference on Neural Information Processing Systems*, Lake Tahoe, Nevada - December 03–06, 2012, pp. 3113–3121, Curran Associates Inc., USA.

[Li14] Liu, Y. et al. (2014) "SK-LSH: An Efficient Index Structure for Approximate Nearest Neighbor Search", *Proceedings of the VLDB Endowment*, Vol. 7 (9), pp. 745–756.

[Ma07] Manku, G. S., et al. (2007) "Detecting near-duplicates for web crawling", *Proceedings of the 16th international conference on World Wide Web*, Banff, Alberta, Canada - May 08–12, 2007, pp. 141–150, ACM New York, NY.

[Sh14] Shrivastava, A., Li, P. (2014) "In Defense of MinHash Over SimHash", *Proceedings of the Seventeenth International Conference on Artificial Intelligence and Statistics*, 22–25 April 2014, Reykjavik, Iceland - PMLR, Vol. 33, pp. 886–894.

[So11] Sood, S., Loguinov, D. (2011) "Probabilistic Near-Duplicate Detection Using Simhash", *Proceedings of the 20th ACM international conference on Information and knowledge management*, Glasgow, Scotland, UK - October 24–28, 2011, pp. 1117–1126, ACM New York, NY.

[Wa14] Wang, J., et al. (2014) "Hashing for similarity search: A survey", *arXiv preprint.* arXiv:1408.2927v1 [cs.DS] - Aug 13, 2014.

# Предметний покажчик

www.ingramcontent.com/pod-product-compliance
Lightning Source LLC
LaVergne TN
LVHW041210050326
832903LV00021B/556